活成那个
寄予厚望的
自己

麦左 —— 著

华文出版社
SINO-CULTURE PRESS

图书在版编目（CIP）数据

活成那个寄予厚望的自己 / 麦左著. -- 北京：华文出版社，2019.4
ISBN 978-7-5075-5079-5

Ⅰ.①活… Ⅱ.①麦… Ⅲ.①女性—成功心—青年读物 Ⅳ.①B848.4-49

中国版本图书馆CIP数据核字（2019）第025737号

活成那个寄予厚望的自己
HUO CHENG NAGE JIYU HOUWANG DE ZIJI

著　　者：	麦　左
出版策划：	范勇毅
责任编辑：	张　轶
出版发行：	华文出版社
社　　址：	北京市西城区广外大街305号8区2号楼
邮政编码：	100055
网　　址：	http://www.hwcbs.com.cn
电　　话：	总 编 室 010-58336239　　发 行 部 010-58336267　58336238
	责任编辑 010-58336195
经　　销：	新华书店
印　　刷：	北京柯蓝博泰印务有限公司
开　　本：	880×1280　1/32
印　　张：	7.5
字　　数：	164千字
版　　次：	2019年4月第1版
印　　次：	2019年4月第1次印刷
书　　号：	ISBN 978-7-5075-5079-5
定　　价：	38.80元

版权所有　侵权必究

序

有人说，如果你想活成自己喜欢的样子，就要学会与自己和解。

二十岁要善良，也要剽悍；要温柔，也要有原则。

我的第一段感情是异地恋，因为年轻，所以义无反顾。我对他体贴备至，爱到极致，同时也很任性，直到后来在他的相册里发现了另一个女生的照片，我才恍然发现爱情不是说说那般简单。分手前，我哭过、闹过、也吵过，但最终选择了和解，原谅了自私又不懂爱的我们。

我的第一份工作也不称心，干了一年时间，工资才足以维持温饱，又不敢轻易辞职。起初的想法是有份工作已属不易，哪敢再挑剔。就这样扛了两年后果断跳槽，收入翻倍，后来辞职创业。这一切都不算顺利，但都是自己所想所愿。虽然创业第一年亏得一塌糊涂，但最终没有责怪自己，而是与任性冲动的自己和解。

人生总有很多不如意的事，因为年轻会让我们跌不少跟头，但同时也会让我们无所畏惧，重要的是学会与自己和解，才能更好地前行。

人生最怕的不是你撑不下去，而是你倒在了天亮之前。当你越成长，会越发觉得，世间所有事都一样，只有自己慢慢扛、慢慢熬，熬过了黑夜，天才会亮。

贤淑的女人，可以活成别人羡慕的样子；智慧的女人，可以活成自己喜欢的样子。两者皆有者，会活得既幸福又圆满。

那么，如何才能活成寄予厚望的自己？没有答案，或者说是没有你想要的答案。无非就是比别人多努力一点，比别人多坚持一会儿，虽然过程很难，但你要相信，这个世界上还有许许多多跟你一样在咬牙坚持的人。

我的闺密T马上就三十岁了，是有车、有房、有事业的小中产，但一直没找到合适的伴侣。

我问她，"你觉得女人是嫁得好重要？还是干得好重要？"

她回答，"诚实来讲，还是嫁得好重要。"

我颇为意外，以为她一定会选干得好。但后来想想，其实她说的也没什么错。嫁得好也是一种本事。谁说女人一定要干得好才会幸福。嫁得好的女人，其智慧与贤淑，未必会输给职场女性。

其实像我闺密这样的独立女性，对爱情依然会有所期待，只是没有遇到符合她要求的男人罢了。独立，是指女性思想有主见，经济不依附，但并不代表不嫁人，不谈恋爱，不靠男人。我不期望每个女生都能活成独立女性，但希望每个女生都清楚怎样活成自己喜欢的样子。

愿你不甘平凡，对自己寄予厚望，勇敢地去面对所要经历的一切！

希望这本书不仅是心灵鸡汤和励志之作，还能带给你真诚的陪伴。我会像朋友般与你分享喜悦，剖析痛苦。如果有一天，你活成寄予厚望的自己，你会发现人生没有捷径。如果你此刻就已明白，那就勇敢地走下去。

因为你所经历过的，我都曾经历过，所以我懂。

麦左

2019年春

目 录

contents

第一章　别轻易走上感情的弯路

21世纪的女孩不流行"嫁得好" … 002
为什么你会被逼着去相亲 … 008
远离渣男，从自我做起 … 014
那些最浪费你时间的情话 … 020
学会拒绝不适合的恋爱 … 026
看过世界，才知道最好的爱情是这样 … 031
恋爱中的女孩需要怎样的智慧 … 037
世上除了爱情，还有更重要的事 … 043
有被爱的运气，也要有被爱的实力 … 049
二十几岁的女孩该怎样过好这一生 … 055

第二章　请成为更优秀的人

旅行，让生活变得沸腾	062
要努力地工作，也要快乐地生活	068
当你足够优秀时，你就有了选择未来的权利	074
别把情绪带进工作	079
有些事情只要做了，就会有意义	084
年轻时，谁没丢过两三次脸	090
自律才会自由	095
财富，使人上进	100
独立而又自信的女孩，都很美	105
二十几岁的女孩该有的高级	110

第三章　请别轻易浪费二十几岁的好时光

当你放弃后，别人都成功了　　　　　　118

格局，决定你的气质　　　　　　　　　124

别让你的年轻，只是年轻　　　　　　　130

远离观念不同的人　　　　　　　　　　136

拖延症，正在消耗你的生命　　　　　　142

做自己喜欢的事，并全力以赴　　　　　148

别让将来的你，后悔现在的决定　　　　154

职场只看结果不看过程　　　　　　　　159

什么样的人可以奋不顾身去爱　　　　　164

二十几岁女孩该有的好时光　　　　　　170

第四章　请时刻保持危机感

比你优秀的人都在努力	176
月薪三万的人都不敢轻言结婚	182
女孩，你的谋生本领有了吗?	187
底线在哪里，你的成功就在哪里	192
学会在逆境中成长	197
好看的皮囊比你想象得贵	202
你离三十岁只有五年了	207
你渴望的幸福，都不容易	213
佛系女子的中年危机	219
二十几岁的女孩，要活成寄予厚望的自己	224

第一章

别轻易走上感情的弯路

爱情，是每个人人生中需要攻克的一个难关。初入情场，难免显得稚嫩与笨拙。但是姑娘们，世上没有那么多完美式爱情，时间久了你会发现，感情考验的不仅是你自己，还有人性。希望在遇到最好的爱情前，你能时刻保持清醒与睿智，从容对待每一份感情。幸福没有捷径，但也别轻易走上弯路！

21世纪的女孩不流行"嫁得好"

如果一个二十几岁的女孩说,希望自己将来可以嫁得好,我一点也不会奇怪。但要把嫁得好当成人生目标,我则不太认同。

我能理解一个女孩在刚刚走出校园独自面对未来时,渴望有个人替她遮风挡雨,给她想要的"结果"的想法,但我不能理解一个二十几岁的姑娘,连努力的过程都不曾经历,就只想追求所谓的"结果"的做法。

你在二十几岁时住过地下室,挤过公交,背不起上万元的包包,用不起昂贵的化妆品,这并不丢脸,反而再正常不过。除非是极幸运或者极有天赋的人,她们能提前得到自己想要的。普通人都需要经过漫长的岁月去历练,并且学会抵挡诱惑。

既然如此,你又何必急于在二十几岁就为自己找个所谓的"好人家"嫁了,或者急于预定幸福名额呢?

说这些不过是想告诉女孩一个事实,嫁得好不如自己干得好。

我身边有位姑娘A,长得十分漂亮,毕业后凭着自己的实力进了一家大企业，每月拿着优渥的工资，前途无量。

与之相比，我的另一个朋友小Z，就没有这么幸运了。她要每天挤着公交上班，如履薄冰地期待着度过实习期。每月薪水不到四千块，交完房租就所剩无几了。

小Z毕业后碍于面子，不敢开口向家里要钱，甚至还说大话，"放心，好着呢，现在薪水好几千，年终奖还有好几万呢。"

和Z不同，A的人生仿佛一路开挂。第一次拿工资就带我们去星级酒店吃饭，一起逛街时买几千块钱的衣服眼都不眨一下。让当时还略带土气的我和小Z目瞪口呆。尤其是当得知吃一顿饭的钱，足够我们几个月车费时，真希望A能把这些钱换成现金直接给我们。

那时候，我还只是一家小公司的销售助理，而小Z则在房地产公司打杂，工资虽比我好一点，但那几年房地产还没现在这么火爆，又是在二线城市，养自己没问题，但想奢侈一下根本就是不可能的。

有一次，A叫我们出去吃饭，吃完饭后我们以为她会买单，毕竟换作我们自己，是不可能到这么贵的地方吃饭的。恰巧赶上A真的忘了带钱包，只好我跟小Z付账。

区区六百块，却让当时的我和小Z把身上的钱都掏了出来，从此A叫我们吃饭再也不敢去了。

不是因为怕付钱，是因为真的没钱。尝过了这些没钱的日子，我和小Z便把所有的时间和精力都投入到工作上。

职场是个好地方，成功不问出处，只要你肯努力。

25岁时，A宣布自己要结婚。不出意料，A嫁得很好。A的婆家是做生意的，早年买了不少铺面，赶上拆迁后，从资产几百万的小老板瞬间变为千万身家的小土豪。男方挑对象的标准是：有颜值，有学历，听话懂事，能做全职太太。

A找老公的标准刚好是：有钱，对自己好。至于男方提出的做全职太太的说法，她也全盘接受。A毫不犹豫地辞掉了工作，专心待嫁。

A的婚礼办得很风光热闹，气派奢侈。

那段时间Z的公司正值人事变动，小Z说她要么升职，要么走人。而我也已经由助理做到了小主管的位置，每天忙得昏天黑地，所有事都得亲力亲为，因为深知这份工作的不易，所以不敢出任何差错。

相比A而言，我们的生活依旧如履薄冰，连大气都不敢喘。

然而让人没想到的是，曾经让人羡慕的A，竟然在结婚不到一年的时候就宣布离婚。

A没抱怨或诉苦，但我们都知道，这其中的痛苦是少不了的。男方欺负她家没权没势，最终只给了一套房子和二十万元象征性的青春赔偿金。

A离婚后，我们很长时间联系不上A。有人说她出国了，也有人说她又嫁人了，还是一个有钱的富二代。

等我们再见到她时，她已像变了一个人般，整个人看起来平和了不少，和记忆里那个做事喜欢张扬的她完全不同了。

说起那段婚姻，她言简意赅。老公婚后风流成性，家中花的钱经常需要伸手向父母要，凡事她都要听公婆的。刚结婚时，她以为自己脱离了苦海，每天不必再上班看老板脸色，却不知婚后的日子并不遂人意。

离婚是她提出来的，男方为了面子，散布她出轨的谣言。不过至于别人如何评价，她早已不关心。现如今，她找了份月薪不到五千的工作，日子虽然平淡，但却比当初每天都待在家里生闷气要愉快得多。

在分别前，她说羡慕我们，羡慕小Z能做到管理的位置，月薪几万，达到了财务自由，又羡慕我结婚晚，自己赚钱买房，活得潇洒。

认识A这么多年，这还是我第一次从她口中听到羡慕我们的话。

她说："嫁人犹如一场豪赌，万一赔了就是一辈子。因为赔不起，所以就不要嫁得太轻率。"未来她打算做设计，如今她已经报了英语补习班，为以后出国深造做准备。

这世界的规律向来都是：你做怎样的选择，就有怎样的人生。所以吃苦并非坏事，只有吃久一点的苦，才会享久一点的福。

二十几岁时看待爱情的眼光往往不够犀利。男生的几句甜言蜜语，就可以抵消他的懒惰和不体贴，一句软话就能让你原谅他的不上进，甚至把玩游戏和不工作看成是怀才不遇。

二十几岁，女生为什么容易在爱情里迷失？往往是因为不够独立，不够自信，所以处于被动。为了避免这种不确定的因素发生，最好的方式是先别急着嫁人，等到你能慧眼识良人时再嫁也不迟。

前段时间，朋友八卦某跳水健将。

很多人说她好命，嫁了一个连小说都编不出来的霸道总裁，还爱她如初，哪怕她不着华服，不化精致容妆，却时刻都以满眼爱意的目光追随着她。

跳水健将之所以有好命，她自身必须具备超出常人的品质。她曾是跳水皇后，奥运冠军；她气质如兰，大方优雅，多少豪门女星未必学得来；她婚后勤俭持家，与丈夫逛超市，买地摊货，扎便宜发圈，不像是嫁了豪门，更像是普通的结婚生子，过着普通的日子罢了。

我也深知，一个富豪家庭出身的男人，又怎会肤浅地只爱一个女生的表面。跳水健将如果只是你我生活中的平常人，未曾有过为国争光的荣誉，那么她虽能在各种场合从容淡定，也有独当一面的风范，却未必能入得了见过无数富家女子的富豪之子的眼睛。甚至于，这几种条件有一个不具备，都可能会落选，所以她的幸运不是偶然。

话说回来，一个人若要配得上另一个人，除了有出众的气质与外貌，还要有实力相当的内在品质。两个人若能一辈子在一起，一定会经过"情人眼里出西施"的甜蜜期，进入看到彼此缺点、激情褪去的平淡期。因此，女人内外兼修的品性就显得格外重要，唯有如此，才能有圆满的婚姻。

一个人的品性、修养以及对生活的态度，在朝夕相处中自会一一暴露。

那时候你还会笃定地认为，嫁得好只需找个有钱并愿意对你好的男人吗？

人生那么长，别在最好的年纪把时间浪费在琢磨如何把自己嫁得好上。等你有了嫁得好的底气，好姻缘自会找上门，愿你嫁得好的同时，还能够嫁给好的爱情！

为什么你会被逼着去相亲

似乎女生到了某个年纪,就会逃不开嫁人这个话题。

过年走亲访友,亲戚若是见你还没对象,就会"善意"提醒:姑娘,别太挑了,挑到最后只能捡别人剩下的。内心有一万句话冲动得想顶回去,但要劝自己:尊重长辈!

很多人排斥相亲,甚至有人为了躲避相亲,在逢年过节期间干脆组团出去旅游。但也有人校门未出就开始为自己寻找"婆家";还有打扮精致、身材高挑、声音温柔的姑娘在相亲节目上目标明确地待价而沽。

不难看出,相亲和被逼相亲的人,心态是完全不同的。对于一个女性来说,在不愿意相亲的年纪,被逼着去相亲是十分痛苦的。那么,如何才能避免被逼相亲呢?

我的闺密T就用她的实际行动向大家证明了,与其费时去相亲,不如趁着年轻,努力提升自己的价值。

T今年30岁,年龄不算大,却也算得上网上形容的"剩女"。身边的朋友们都相继结婚了，她依然单身，为此我们不禁有些好奇她究竟作何打算。

有好友问她："为什么不结婚？"

她答："谁说我不结了？只是没遇到合适的。"

我们一听有戏："你要找什么样的？我们给你介绍。"

她云淡风轻地说："也不用太好，年薪五十万到一百万之间，房子三套就够了。"

很多人觉得T要求太高，自己要有本事怎会到30岁还没嫁出去？这话也不止一个人问过T。T回答得很干脆，"我总不能找个比我都不如的人吧"，问的人便无话可说。所以T被家里催着相亲时，她就直接把标准提出来，有符合条件的人再介绍给她。

T曾交过一个男朋友，从大学一直交往到毕业，感情很好。毕业后，T努力工作赚钱，想早一点买房，建立属于自己的家。却不料男友给人的感觉仍活在大学时期，没有任何紧迫感，每次提到房价上涨都满不在乎地说房价将来一定会跌，到时候再说。

有一次，男友公司有个岗位晋升的机会，公司领导很看好T的男友，T也以为他会努力争取。哪知他一口拒绝，放弃了竞争。T十分生气。后来，T的收入越来越高，男友却依旧原地踏步，最终导致了分手。

T说，不是自己嫌弃他收入低，而是他连努力一下都不肯，一点没为他们的将来考虑，这样的男人不分手留着过年吗？

往往相亲能占主动权的女人都是有底气的。

逼女儿相亲,多数父母担忧的不是你嫁不出去,而是怕你养不活自己。

就像曾有一个姑娘诉苦,自己月薪过万,税后到手只有八千,还要扣去房租四千,看似表面风光背后却各种心酸。年底想给父母包个红包孝顺一下,却发现自己有心无力。

曾有一篇报道,重庆某个28岁女白领的母亲给女儿找了个相亲的中介,一次性交了几万块相亲费,没见了几个相亲对象就被中介告知相亲费不够用了。

母亲算账吓一跳,见一个相亲对象竟然要花费六千块。最后找中介问其原因,对方回答:"您要求为您女儿安排见面的相亲对象都是精英。既然标准那么高,自然收费贵一点。"

所以谁说人不能被明码标价,相亲的时候你的身价不仅决定了中介的收费,还决定了见的人是不是跟你一个档次。

现代社会,相亲是个很普遍的话题。《中国式相亲》在一期节目中,有一个海归女生令我印象深刻。这个女生27岁便有自己的事业,长相甜美,气质出众,一出场便让所有的男嘉宾父母都亮了灯。

其间,她在节目中问男嘉宾给自己父母送过最好的礼物是什么,有人回答送衣服,有人回答送项链。而她最后说,自己给母亲送的是自己赚钱买的六位数的表。

这个回答,我相信让不少男生都感到羞愧。27岁的她已经拥有远超同龄人的经济实力。

有人可能会想,这么优秀的姑娘还不是要来相亲。但是,她最终选的那个男生,是出身于外交官家庭的海归。他同样长相出众,彬彬有礼,更重要的是最后男生父亲为替儿子争取这段姻缘,直接来了一段英文的介绍,也成了打动她最重要的原因。

她说:"像这样优秀家庭里出来的孩子,想必也一定会很优秀。当我看到这么一位优秀的父亲时,也觉得自己要更努力才行。"

当时待选的男生,有21岁的男主播,有独立创业的幼儿教师,也有收入不菲的白领。但这个女生似乎从一开始就更喜欢坐在嘉宾台上笑容温和的外交官的一家人。

物以类聚,人以群分。优秀的人,才能配得上更优秀的人。

我的朋友阿兰刚毕业时,父母就催她找个男朋友。阿兰五官长得好看,只是皮肤黑,父母总担心她皮肤黑而嫁不出去。受父母影响,她也备感压力。

我们都劝她不要着急,踏实工作几年,慢慢找一个适合结婚的对象。她听了我们的话,但没多久,被她的父母叫回家去相亲。理由是她的姐姐不过比她大两岁,可孩子都三岁了。她的父母甚至给她洗脑:"你长得又不怎样,工作又不好,不趁现在年轻赶紧嫁出去,以后就嫁不出去了。"

她为此也表现出担忧:"我爸妈说皮肤黑的女生年纪越大会越显老,万一我将来找不到更好的对象怎么办?现在这个男的,好歹家境不错,而且他也有正经的工作,我想先相处试试。"

我们也不好再劝她，因为谁也没可能叫醒一个装睡的人。

后来，她说这个相亲男对她很好，体贴又孝顺，逛街时她想要什么便买什么，唯一的要求是要尽快结婚。她来问我们的意见，我们一致反对：先相处一段时间，彼此都了解后再结婚。可没多久，她却与相亲男订婚，结婚日程也安排好了。从此，我们再也不过问她的事。

婚后，阿兰做起全职主妇，婆婆对她也很好，不用她做家务，让她赶紧生个孩子。阿兰总是在我们面前说，幸好当初听了父母的话，不然上哪儿找这么好的男人。

我们笑而不语。阿兰的老公我们见过，小县城长大的，家中独子，家庭观念强，传统保守，认为女人应该在家三从四德。

后来阿兰生了个女儿，婆家开始有点嫌弃，却也不明显，只是旁敲侧击，让阿兰再生个儿子。阿兰也很听话，每天吃婆婆煮的各种怀男孩的偏方。

有一次我在街上遇到她，她叫我时我已完全认不出她来。她变胖了，不过30岁的她眼角皱纹却很明显，素面朝天、黑黑的皮肤果然显得比实际年龄大。她一手牵一个孩子，同我匆匆聊了两句，还未来得及说再见，就被前面的男人催着走了。

我一看，是阿兰的老公。他还是那么斯斯文文，只是站在发福后的阿兰身边，一点也不协调。阿兰一手抱着儿子，一手牵着女儿，急忙跟上去，她老公却自顾自地在前面走，未伸手帮忙。

从背影看去，他们仍是一个美满的四口之家，只是其中的心酸不为外人道罢了。

和阿兰相比，T之所以能够不被逼着相亲，是因为她自己有能力，收入颇丰，除一个人生活有滋有味外，还定期带父母旅行，一同享受她的劳动成果。

优秀的女孩懂得在爱自己的时候，还同样爱家人，把自己的生活趣事与收获分享给家人，并且，在你不想去相亲的时候，完全可以告诉你的父母，你养得起你自己，但找个人结婚，他未必养得起你。

远离渣男，从自我做起

很多姑娘可能都听过这样一句话，"谁年轻的时候没爱过几个'渣男'呢？"

话虽如此，但很多年过去后，你会发现自己被那段感情伤得再久也无法治愈。即使有幸遇到更好的人，也可能会小心翼翼，不敢付出太多，害怕失去对方。

在爱情中患得患失的痛苦，多少是来自被渣男欺骗过的青春。

渣男明明很无耻、可恨，可为何还是会有女人奋不顾身地爱上他呢？大多是因为头脑不清，分不清男人和女人应该在爱情和婚姻里扮演怎样的角色。二十几岁的女生自以为圣母式地付出是伟大的，对方应该感激涕零、加倍回报。殊不知，他只会把你当成摇钱树或者免费保姆，根本毫无愧疚之意。

这种男人在生活中无处不在。他们没有责任感，或者只是对你没有责任感。很多被欺骗后的姑娘伤心欲绝，他们却连句道歉的话都没有，甚至觉得是你情我愿，把你对他的不舍看成是无理取闹。

被伤害过的女生最好的做法是：离他们远远的，最好老死不相往来。

大学时期老师曾劝我们:"你们现在应该把谈恋爱的心思放在学习上,等你们走入了社会后会遇到更优秀的人,那时候你会发现,学校里的这些男生即使错过了也不会很可惜。"

不管老师的话是否正确,但不可否认的是,社会上优秀的男性有很多。与其为了几个曾伤害过自己的人而痛不欲生,不如努力提升自己,让更优秀的你去吸引同样优秀的人。

遗憾的是,有很多女生都不明白这个道理。只有失过几次恋,才能悟出这个人生真理!

朋友H曾遇到过一个渣男。这个男生对H很好,百依百顺。

很多人都说H命好,找到这么好的男友。H自然很高兴,看到别人谈恋爱分分合合,争吵打架,他俩虽然相处平淡,也从来没吵过架,自然也没闹过分手。

交往三年后,H应父母的要求提出带他回家见家长。

这时,渣男却表现出一副不情愿的样子。他说:"我们现在还小,再等两年吧。"

H一听也觉得有道理,不如等两年,俩人工作稳定,经济条件好一点,再去见父母也不迟。

当H打电话回绝父母时,母亲态度很坚决,说什么都要她带回去见一面。她在电话里解释半天,母亲仍然坚持,没有半点妥协。

H也没办法,只得又去找男友。

这时男友终于勉强答应，但却说了句让她有些心寒的话，"回去见家长可以，但我不会答应他们的任何要求。"

H一听有点生气，心想还没让你答应什么呢？怎么就这种态度。但因为答应了母亲，就带着他一起回去了。

见H父母那天，渣男竟然空着手去的。

H以为是他忘记没准备，便把自己给父母的礼物当成是他买的提了回去。父母没介意礼物的事，但一坐下便问渣男，"你打算什么时候买房？"

H有些尴尬，她知道父母不是爱钱的人，但她不懂为何父母会这样问。于是她在一旁插嘴，"我们现在还年轻，等我们存几年钱，打算先买套小户型……"

H话还没说完，渣男就已经站起来了。他说，"对不起，我还没打算买房，也没打算那么早结婚。如果你们是想靠嫁女儿来赚钱的话，不好意思，你们找错人了。"说完，他扔下满脸惊愕的H和一脸气愤的父母，摔门出去。

整个过程，H都没明白发生了什么。

后来，她跟自己父母大吵一架，怪他们太势利，哪有刚见面就问别人要房的，又不是卖女儿。母亲想解释，但她不听，回去后跟父母冷战了两个月。

直到发现渣男竟然在他们还没有正式说分手的情况下，已经挽着别人的手出双入对了。

H哭了很久，才想起给父母打电话。她错怪父母了，原来他们早已看穿一切，自以为遇到的真爱不过是她一厢情愿而已。

H的母亲在电话里安慰她，"其实上次我们只是想试探一下，没想到还没怎么试，他就原形毕露了。"

后来，H还听说，渣男在跟她交往时，一直跟另一个女生暧昧，那个女生大学四年几乎都在给他钱花。她也终于知道，他为什么连吵架都不愿意跟她吵，因为他没精力平衡两个女人的感情干脆就什么都顺着H，这样也省事一点。

这是H从别人口里听来的，只是她现在已经不在乎了。她离开渣男后，在工作上很拼命，没过两年就升了职，年薪几十万。反倒是渣男，结婚没多久又离婚，见H变优秀了，又回来求复合。H连理都没理，开着自己刚提的新车毫不留情地走了。

这一生，有一次遇到渣男的经历就够了。人要懂得成长，千万别在同一个坑里跌倒多次。

事实上，遇到过渣男，你会发现自己能够明白很多"道理"。比如，和他谈恋爱可以，一谈到钱就不行；或和他谈情说爱可以，一谈到婚姻就不可以。那么你就得擦亮眼睛，仔细分辨他是否真的爱你。

不能说这样的男人百分之百是渣男，但他绝对有渣男体质，一旦发现，还是请趁早远离。很明显，他对你的爱情是有保留的。

对待爱情，太多年轻女孩过于盲目，相信只要眼前的他爱着自己，就能和自己长久走下去。殊不知这样的爱情，看似美好，但却存在太多未知因素。

相反，一个经历过几段感情的三十几岁女人，则不会那么钟情于"诗和远方"的爱情。她们的阅历、见识和社交圈，使她们对另一半的要求会更高。见多识广的好处是，让她不再毫无目标地四处寻找依靠，她会知道自己想要什么。

很多渣男喜欢找没见过世面的女生。因为这类女生有个缺点，不够自信。她们总是担心自己不够好，配不上别人，这多少是原生家庭所带来的自卑。

自卑很难治愈，但可以取长补短。觉得自己出身不好，就努力赚钱，让自己独立自由，成为优秀的人；觉得自己长得不好看，可以靠阅历和能力充实自己。

女人只有自己争气，才不会觉得离开男人活不了，也不会再被渣男欺骗。

如果不幸遇到了渣男，一定要记住不要给他二次伤害自己的机会！你不是圣母，拯救他的事就留给上帝去做吧。你要做的是爱自己就够了。

渣男并不都是靠出轨、劈腿来展示自己的渣，他可能是喜欢耗着你。还有些渣男占有欲极强，稍不顺从他们的意思，就会对你动手。这种暴力渣更是要远离，因为你的生命经不起挑战。

远离渣男，从自我做起！首先来了解什么样的男人有渣男的潜质。

1.没有责任感。这类人，往往不会对你的未来负责。你工作努力,赚钱比他们多,他们不会为你感到开心,反而揶揄你,说你抛头露面、出卖色相,等等。这种男人往往心理阴暗、自卑,不仅见不得你好,还见不得别人好,却又不肯自己花心思努力,所以他们没有能力为你负责。

2.有暴力倾向。在我们国家的已婚家庭中,有百分之六十五以上的女性承受家庭暴力。这些男人并不是一开始会对你动手,而是慢慢先摸透你的脾气,了解你的软肋,然后再动手。他们像个定时炸弹,不知道什么时候会爆发。

3.有不良嗜好。乱丢臭袜子、不爱洗澡刷牙的男人没关系,但如果有不良嗜好的人就算了吧。这种人往往没有自制力,他们连自己都管不住,说不定哪天就败光了家产,欠了外债,你都不知道。

另外,渣男表面看上去波澜不惊,内心实则暗潮汹涌。他们善于伪装,心机深重,如何识破,就靠女生自己的慧眼了。

不过还是那句话,你若强大,谁也打不倒!你若有见识,谁也骗不了!

那些最浪费你时间的情话

生活中，很多女人都想找一个能体贴入微、照顾自己一生的男人。她们不是没有能力建立自己的一片天地，而是当有男人对她说出"我养你"这句话时，她们便为此舍下一切。在被爱冲昏头脑后，大多数女人是不理智的，一句情话便让她们选择奋不顾身。

有些二十几岁的女生把钱看得很轻，把情看得很重。她们会说，我不想成为女强人，只想做个顾家的小女人。只是，说"我养你"的那个男人，真的就能确保养你一辈子吗？

很多人都说，"我养你"是最毒的情话。因为这句话，耽误了太多女生一辈子。

把爱情当作养与被养的关系，是很薄情的事。不管对女生还是男生，都是不负责的。女生想成为被养之人，就要做好有一天被弃养的准备。如果他实力雄厚养你绰绰有余倒还好，若有一天他能力有限，或不再愿意养你，你该怎么办？

一个男人随便就把"我养你"这句话说出口，有可能他真的只是说说而已。他有没有考虑过你愿不愿被养，有没有想过你的理想是什么？

年轻时我们需要依靠，对未来很不确定。不知道明天会怎样，迫切希望有个人为自己摆平一切，双手奉上想要的结果。如果有这样一个人，就想毫不犹豫地跟他回家，让他养自己一辈子。

这是幸运，也是不幸。幸运的是，你能更早尝到理想生活的甜头，不用像别人一样拼了命才能获得；不幸的是，你失去了成功过程中的乐趣，也失去了奋斗的动力。你会因此懒散，放弃自我价值，日渐退步。

这世上没人有义务养你一辈子。哪怕，这个人真的很爱你！

同事W跟我一同进公司实习，当时她很优秀，多次在会议上被点名表扬。公司要我们其他实习生向她多学习。她很谦虚，经常分享自己的经验，传授秘诀。我们都很喜欢她，也羡慕她，暗自猜测，说不定将来她就是我们的上司了。

没想到实习期刚结束，她却提出辞职，原因竟是她男朋友觉得她太忙，结婚后无法照顾家庭。

她思考很久，决定放弃工作，回归家庭。

"我男朋友说等我们结婚后他就养着我，不让我再出来工作。"她给的理由让我们很惊讶。我想挽留她，想想这么优秀的一个人回去做家庭主妇，实在太屈才。可她说，"我已经想好了，反正有人养也不错，不用起早贪黑上班那么辛苦。"

这时，主管听到我们的讨论，走过来对她说，"如果你真的想好了，我也留不住你。但我想问一下，你男朋友一个月赚多少？有没有能力养你？他有没有在你们结婚前买好房等着把你娶进门？结婚后你除了做家务，说不定还要照顾孩子，他有没有能力为你请个保姆？"

一席话让W答不上来。看得出，她没有想那么远。事实上，当时二十几岁的我们都未曾想过将来结婚后会怎样。是过贫贱夫妻百事哀的日子，还是过无忧的生活，都是未知的。

只是，当主管把一席话说出来时，我们好像就要经历一样，瞬间感到恐慌。W更是默不作声地把收拾好的东西放了回去。

后来她说，那是她第一次为未来感到担忧。虽然她没有想过嫁个有钱人，但她也从来没想过以后过着整天缺钱的日子。

当天一起聊天的女同事，私下聚在一起讨论，最后决定：以后坚决不能靠男人养！她男朋友听了她上班的理由，不仅不支持还放话说，如果她继续上班就分手。后来，他们真的分了。

W现在已经是公司的经理了，前不久我们聊到以前的事，她还在感叹，幸亏当初没辞职。

原来，她男朋友与她分手后，很快找了个女生结婚。这个女生没有W有事业心，结婚后就在家做家务带孩子。

去年她前男友突然找到她，问她能不能借点钱给他。W问原因，他说孩子没有摇到公立幼儿园的号，只能上私立的，但家里刚买了车，没有那么多钱。

W问他借多少？他说，两万。

W后来没借。她说不是自己无情，一是他们之间本来就没有关系了，现在跑来向她借钱，让她看不起他；二是一个男人如果连孩子的两万块钱学费都交不上，也太没用了。不如让他老婆看清楚，这个男人值不值得她付出那么多。

是啊，一个男人工作那么多年，不管有没有积蓄，一个月能赚多少，等到孩子要开学才去借钱，这就是没责任感。他这样的男人，又怎么来养一个女人一辈子呢？

只有多努力，幸福才会更近一点。

等自己足够努力时，不需要别人养也能过得很好。如果对方实力雄厚，则是锦上添花。

有些话说得再好听，也仅是一句情话。它能带给你风花雪月的浪漫，未必能带给你一生的衣食无忧。

邻居有个女儿，一直很优秀，从小到大，直到工作，都是被父母夸赞。不过结婚后，她还是没逃过老公和婆婆一家的游说，回家照顾孩子。理由是，孩子太小不能让他缺爱。

她是销售员，最高一个月做过百万业绩，一个月提成比她老公半年工资还高。

为了家庭，她选择回家。她老公也说，没事，我养你。

她辞职后，家里开销全由她老公负责。然而，不到一年她老公就开始抱怨，孩子奶粉怎么那么贵？买衣服不能打折时买吗？这个月水电费比上个月高不少啊……甚至连公婆也话里带刺，说她在家吃白食。

她听完，没有生气，也没有抱怨，只是心平气和地问她老公："要不我回去上班？"她老公表情尴尬，想说"不"却最终没说出口。于是，她用之前存下的钱请了月嫂，以便自己能安心工作。回职场半年，她又成了当初那个职场精英，不到一年，她的收入已经再次超过她的老公。

她说，女人就得靠自己，不是说男人靠不住，而是他们根本不知道生活成本有多高，以为一个月赚一万就能让家人衣食无忧了，却不知连月嫂都不止这个价了。

她还说，女人要能屈能伸，能回去做"黄脸婆"，也能重回职场找回光芒。

女人如果被男人养着，说话做事多少会没底气，因为得伸手要钱。没有收入，买件衣服要看价格，买护肤品也不舍得……什么都嫌贵，什么钱都不敢花。

二十几岁，我们羡慕那些精致独立的女人，但从来没想过她们在背后付出了多少努力。我们都有能力活成自己想要的样子，只是这条道路比想象中艰难，因此有人就选择了所谓的"捷径"。

既然选择了放弃奋斗，那么将来就不要抱怨自己的人生不如别人。因为从一开始，你就已经放弃了自己的人生，所以根本没有比较可言。

当自己三十岁时再回首看二十岁，或许会后悔选错了路，或许会感谢那么努力的自己,因为未来的一切都是由现在的选择来决定的。是选择奋斗,还是选择安逸,三十岁就能见分晓。

想要未来活得有底气,首先别在浪费时间的情话上纠结。

二十几岁的女生,美貌是优势,但不能靠它吃一辈子饭。

二十几岁的女生,能吃苦是本事,但不要以为成功很容易。

二十几岁的女生,遇到真爱是运气,但不要就此依附他人。

努力爱你自己,比等别人来爱你更实际!

学会拒绝不适合的恋爱

跟一个人谈恋爱，多少要先考虑合适不合适。

有些人优点很多，缺点也不少。要在一起谈恋爱，不是先看他的优点，而是先接受对方的缺点。

我认识的一个女生，大学时由于长相出众，追求者众多。别人都羡慕她，但她却很烦恼，不知道该选哪个做男朋友合适。

有人出主意，"找个对你好的吧。"

于是，她选了那个每天为她送早饭，无论刮风下雨都陪她去图书馆的男生。

这个男生虽然对她很好，但有个毛病，喜欢炫耀。比如为了追她，他就跟人打赌，称自己一定要在一个月内追到她。而她答应他交往时，已经过了一个月期限了，弄得他很没面子。在一起之后，他多次提到这事，说她反正都要答应，为什么不能早一天答应，这样就不至于让自己那么没面子。

在她看来令人感动无比的爱情，在他的眼里竟然只是为了面子。

她很伤心难过,却又不知道该不该分手。

朋友看不下去,劝她说,不合适就分手吧,别一直拖着。

她也想分,可她一提分手,男生就苦苦哀求,说看在他追她那么辛苦的份儿上,不要离开。

朋友听到这个理由差点吐血,但这个女生竟然还帮这个男生说话,说"他确实很不容易"。

这是什么逻辑?不想分手就因为他追得辛苦就不分了,一直在他身上浪费时间吗?可偏偏这个女生就这样做了。

因此他们的恋情一直不被人看好,所以后来听到她抱怨时,朋友们都假装没听到。因为就算劝她分手,事后她还是会继续跟这个男生恩恩爱爱。

朋友们干脆放弃,任由她自己做主,只希望她觉醒得别太晚。

没想到,她却跟这个男生结婚了。

朋友都惊呆了,但也只能祝福,总不能强行拆散吧。婚礼办得很简单,很多同学事后议论,没想到班花嫁得如此寒酸。

更令人震惊的是,男生婚后还家暴她。

这时,女生的母亲坐不住了,站出来说,"我女儿跟着你吃点苦就算了,但你动手打人,我就要把她带走,我生女儿不是给你打的。"

最后虽然离了婚,但总归留下了伤疤。后来她说,幸好自己母亲及时帮忙止损,不然今后的日子还不知道会怎样。

这个女生如今一个人,生活得很好,自己赚钱买了房买了车。

她把自己的感情经历说给年轻女孩听,一再强调,千万别找个不适合的男人谈恋爱,更不要跟他结婚!

如果不想自己受到感情伤害,首先就要学会拒绝不适合的男人!

老话说,鞋合不合脚,只有自己知道。但有人明知鞋不合脚,还要坚持穿在脚上,这就不对了。生活中很多女生老是抱怨自己男朋友这里不对、那里不好,却总舍不得分手,留着又给自己添堵。这不仅是对方有问题,自己也有责任。

有一次我与友人聚会,席间听闻一女生还没男朋友,旁边另一女生略带惊讶地说,"真的吗?你这么优秀的人竟然还没有男朋友,要不要我给你介绍一个?"

"不用了,我自己有打算,谢谢。"她面带微笑,却不留余地地拒绝了。

对方有些尴尬,却也没说什么,但却没再搭理她。

回去的路上,我问起朋友。朋友笑言,"她那是被人坑怕了。"

原来,那个女生刚上大二就被亲戚"坑"过一次。

在一次亲戚聚会上,一个八竿子打不着的姑姑聊天时得知她还没有男朋友,于是便自告奋勇为她介绍对象。当时她才十九岁,并没有考虑要交男朋友的事,但她碍于亲戚面子,勉强答应了。

她本以为亲戚只是随口说说,她也只是随便应付而已,哪知亲戚很热情,隔天就带了个男生上门。

这个男生,跟她见了一面就说喜欢她。她见对方也不讨厌,俩人又聊得来，结果就以试试的态度交往。哪知，等她毕业后，男生就问她什么时候跟他结婚，工作也帮她找好了，是个事业单位，费了很大劲儿才办好的。

她听着他的话才忽然想起，他们交往虽然有两年，但是总共在一起的时间不过几个月。她想毕业后留在大城市打拼，他却一心想让她赶紧回去结婚。

于是她提出分手，他像变了一个人似的，跑到学校来找她，堵她，甚至当着同学面骂她是骗子。他说，自己等了她那么久，就是因为她亲戚说等她一毕业就回来跟他结婚，不然他也不会谈个恋爱，两年连个手都牵不到。他还说，自己辛苦为她找关系，安排工作，一切都为她考虑好，现在她却要甩了他；如果觉得两人不合适，为什么不早点说，非等到现在。

事后，亲戚得知消息也打来电话指责她，说自己辛苦为她介绍对象，以为她是个踏实可靠的女生，谁知她竟是这种人，吊着人家两年，还不跟人家结婚。

她很委屈，却没人听她解释。她以为一直都是自己在妥协，在忍耐，却不知在别人眼里，自己占了大便宜。

从此以后，她拒绝任何人介绍对象，也不跟不合适的人谈恋爱。

人生的幸与不幸，都在于自己的选择，谈恋爱更是如此。如果在恋爱期间都接受不了对方，结婚以后再来慢慢磨合只会有更多的争吵和矛盾。

成熟的人对待恋爱都知道了解对方的缺点比知道优点更重要，因为这决定你能不能接受的问题。他靠优点吸引你，但缺点你是否能包容得了？

不是所有的婚姻都能日久生情，也没有多少人真正能忍受对方的一切。

及时止损最好的方法就是学会拒绝。不要舍不得，先问问自己，究竟是舍不得他的优点，还是忍得了他的缺点。如果忍受不了，那就赶紧分手；如果能够忍受，就多看看他的优点，弥补他的缺点，两者平衡一下，你会发现日子好过得多。

谈恋爱适合找个优秀的人，但结婚的话，就要找个合适的人。

恋爱难免有争吵，越争吵才越知道对方适不适合自己。吵架时能看出一个男人的责任与担当，修养与品性，底线和教养。有些人平时看起来斯斯文文，但一吵起架来，所有缺点都暴露出来了，甚至还会动手。所以要看看他吵架时对你的反应，如果锱铢必较，毫无怜香惜玉之情，就赶紧分手！

不在爱的人面前发脾气是最好的修养，这种男生适合做男朋友。

话说回来，择偶关键还是在于女生自己。遇到不合适的恋爱，你是选藕断丝连还是快刀斩乱麻？你的态度，才是决定你未来幸福的根本。所以一旦确立了恋爱关系，就要做到让自己开心，同时也让对方感到舒服、自在。

拒绝不适合的爱情，你的人生将会更美好！

看过世界，才知道最好的爱情是这样

世界那么大，都想去看看。看世界很重要，找到对的人更重要。

朋友玫去年才结婚。在这之前，她一直保持每年两次的旅行习惯。不管多忙碌，她都尽量让自己有出去旅行的机会。

玫是个很有时间规划的人，说走就走的旅行对她来说几乎是不可能的。每一次旅行她总是会在三个月前就把行程安排好，并尽量保持与计划路线一致。

玫与她丈夫就是在旅行中认识的。她先生是企业高管，薪水颇丰，长相英俊。婚前，玫自然是配得上他。但婚后，玫变了很多，在家素面朝天，常穿一件宽松白T和家居裤，不修边幅。

我们打趣玫的先生，"你这样的精英怎么会看上这样朴素过分的玫呢？"

玫的先生笑着说，"你们只看到她的一面，虽然她不喜欢打扮自己，但她很懂生活，哪怕在荒无人烟的地方，都能变着法弄出一碗蛋炒饭来。"

原来，在一次旅途中，玫和她的队友遇到窘境，原计划天黑前赶到旅店，结果车坏在半路上，离他们最近的村子也有二十多里路。

一群人只好就地扎营，等天亮再出发。可晚饭却成了问题。在大家都愁眉苦脸时，玫不作声地像变魔法一样，从背包里找出锅碗，将米放进锅中煮上，随后将可利用的食物找出，做了一大锅蛋炒饭。一群人狼吞虎咽，吃得非常香。

玫的先生说起这段经历时，仍忍不住赞叹："那是我这辈子吃过最好吃的炒饭。"

但以前的玫，却与现在的她完全判若两人。

以前，她并不是一个会做饭的女生。大学时期，她为了兼职方便，在校外租了房子，有时候很晚回家，常常泡个面就解决一餐饭。

那时候玫很讲究打扮，不化妆绝不出门见人。没钱买贵的护肤品，她就每天从饭钱里省，看上一条漂亮裙子，再贵也会想办法买回家。

她是为了美会不顾一切的人，但要把她跟柴米油盐联系在一起便不太可能。在她的房间里，有各种国内外的时尚杂志，各种高低端护肤品，也有很多限量版的包包和鞋子，却连一双筷子都找不出来。

当时玫的追求者众多，她谈恋爱跟走马观花似的，一句话不合就分，从不投入过多感情。

我曾问她："你爱过他们吗？"

她一脸认真地说："爱过啊，不喜欢干吗要跟他们在一起。"

那时玫活得像个女王,她很美很漂亮,却不食人间烟火,适合恋爱,却不适合娶回家。

毕业后,玫做了英语老师,工作是家里帮忙安排的,她没太多心思在找工作上,就听从安排进了一所中学教书。

我们以为,她做不了两个月就会辞职。但没想到,两个月后她却变了。她开始不再晒衣服和包包,改成各种自己做的美食;身边的追求者似乎也少了,而她也不再执着于每天的约会,而是改成去全国各地的旅行。

旅行、看书、整理家务、做饭,全都是玫以前最不爱的,现在却成了她生活的全部。而她的工作也做得很出色,多次看到她在大型舞台的演讲,她被评为优秀教师,还被派出国做学术交流。

我们一直好奇,她怎么会改变的,直到在她的婚礼上,她说她的改变源于一个在同事那儿听来的故事。

这个同事年纪比她大一些,三十七岁,保养很好。在众多同事里,她是最低调的一个,所以也很少有人知道她老公是做房地产生意的,资产过亿。她选择做老师,单纯是因为喜欢这一行。

她和老公结婚十几年,一直没要孩子,因为她还没准备好,她老公尊重她的意见。他们在一起。从没吵过架,她喜欢什么,她老公就让她去做;她不喜欢什么,她老公也从来不勉强。

有人说她是傍大款,却不知他们在一起时,她老公还是个穷学生。她支持他创业,甚至拿出父母给的买房钱让他弥补亏空。

她信他,爱他;他也宠她,不负她。

俩人携手走过了快二十年，却恩爱如初，成为学校人人羡慕的对象。

当然这并没有什么，但最让玫脸红的是，她为了炫耀，常让追求者大张旗鼓地送花到学校，甚至开车接她下班。

她享受别人问她今天穿的衣服在哪儿买的，背的包包多少钱。但她不知道，别人却从来没有羡慕过她的生活，因为那个同事，才是真正令人羡慕的对象，重要的是她从没炫耀过。

她记得那个同事在听到别人对她的羡慕时，轻描淡写地说，"其实人这一辈子，谁也不知道最好的爱情是什么，你们羡慕我有个有钱又爱我的老公，却不知道他每天都很忙，陪我的时间都得提前预约。我也没有什么你想要的恋爱经验，但我有一点可以告诉你们，不要随便找个人嫁了，先去看看世界，你自然知道自己想要什么样的爱情。"

后来玫就变了，她把花在衣服和包包上的钱用来旅行，把买化妆品的钱拿去买书，她开始接触很多优秀的人，发现这些人很少花时间追女生，他们更重视精神和价值观的契合。

因为他们相信，一个三观不合的人，很难相处。

玫说，以前从来没想过爱情是什么，以为送包、衣服、玫瑰花就是爱情。但却不知道，还有一种爱情是没有花，没有物质，却彼此深爱。

世界很大，不如先去看看，再谈情说爱。

当一个人的阅历、见识有限时，寻找的爱情对象也会有局限。你以为这是最好的，也许在真正好的面前不值一提。你以为送花、送包便是爱情，却不知道最好的宠爱是有能力养你，又懂得尊重你。

他不会因为自己有钱就变坏，凡事以你为先，你比一切都重要，不管过了多少年，他都爱你如初。

豆瓣上有个评分很高的纪录片《爸爸的木匠小屋》。

这部纪录片评分高达9分，因为里面木匠爸爸的爱情故事感动了上千万网友。很多人看完说又相信爱情了。

木匠爸爸对妈妈的爱情，可谓实力宠妻。

宠到什么地步？妈妈喜欢什么，他就做什么，喜欢抚剑，就打把专属的给她；喜欢簪子，就做了一支精致的簪子；包括家具、首饰盒、木梳……每一件都带着满满爱意一起被打磨成形，浪漫到极致。

木匠爸爸与妈妈从未争吵，他们携手半生，一直相依相伴，相敬如宾又彼此深爱。

在他们身上，有普通人的身影，却有着不平凡的爱情。因为很少有夫妻可以这样不吵不闹，视对方如珍宝，把妻子宠成公主，一生不变。

很多人都说，最好的爱情真的要慢慢挑，慢慢选。但其实是看你怎么做。

如果你喜欢物质，恋爱对象就会给你物质；如果你喜欢看书旅行，恋爱对象也会如此；如果你优秀努力，恋爱对象也不会差。

你都做得这么好了，挑的恋爱对象还会差吗？

好的爱情是共同成长，是可以到老了以后，他牵着你的手，带你去看世界，去旅行；也可以去公园练练剑，下下棋，一起坐着摇椅，慢慢摇。

所以，多去看看世界，什么才是最好的爱情，时间会告诉你答案！

恋爱中的女孩需要怎样的智慧

有一种男人真的很不浪漫。他们是直男,又很没眼力见儿。

你说想要礼物,他们会说钱都在你那儿,你自己买。

你说想出去玩,他们会说节假日人太多,还是宅在家打游戏比较好。

你买了一件新衣服问他好不好看,他说你怎么都买一样的?

你说你生气了,他们会一脸懵,不知怎么又惹到你了。

跟这样的男人谈恋爱,你要么有强大的忍耐力,要么就独立一点,永远别指望有一天下雨时办公室外面会出现他撑着伞在等你,或者哪天回到家他举着大把玫瑰花来迎接你。

浪漫的男人可遇不可求。

但偏偏不浪漫的男人又很死心眼,他会只爱你一个人,在他眼里你是最美的,你只要一生气他们就紧张到抓狂。

如果有这样一个男朋友,你会珍惜吗?

三十岁的女生可能会说"YES",但在二十岁,我也会说"NO"!

女人找对象往往喜欢浪漫型的，哪怕他长得不是那么帅气，若他的一言一行极有魅力，照样能让女生心动不已。谁说女生一定是外貌协会的呢？其实大多数女生的内心都是极细腻的。

前不久一个朋友在群里很生气地说，那个土得掉渣的前男友竟然结婚了！她说，这样的男生怎么会有人要，难道女生都变了吗？

我们知道，她生气的原因大概是她以为那个完全不懂浪漫的前任应该会孤独终老，怎么可能会抢在她前面结婚？她愤怒极了，在群里各种抱怨，希望我们能跟她一起痛心疾首地批斗那个没眼光的女生。

她那个不懂浪漫的前任是个典型的直男癌。跟女友在一起时，从来没有分清过情人节和七夕节，也不知道原来纪念日还要送礼物。女朋友过生日本来说好要去吃西餐，结果他却把女友带到一家新开的必胜客，说里面有超好吃的比萨。

女友气极了，扬言要分手，这位前任一脸委屈，不知道哪里做得不好。每个月工资上交，从不抽烟喝酒，还不应酬，每天一下班就回来陪女友。女友说要买房，这位前任每天午饭都自己带，为了省下一笔开支。

其实女友也只是想气气他，希望他能意识到自己的问题所在。哪知，这位前任很实在，以为女友看不上他，就很理性地分了手，并让女友还了自己的工资卡。

女友也是真性情，银行卡一扔，带着自己的行李箱走了。结果，女友等了两个礼拜，前任没有任何复合的迹象，就这样一场闹剧变成了真的，前任一句挽留的话都没有。

女友分手后仍然不甘心，大概是被气昏了头，发现这位前任被家人安排相亲，之后又很快要结婚，她一下子就爆发了。

本来以为她只是不甘心，现在看来她是后悔了。那位前任除了不懂浪漫以外，把女友真的宠上了天，什么都依她，每次她生气都是笑呵呵地去哄。连我们这些做朋友的都看不下去，那位前任却变本加厉地对女友好。

分手后，她一直没有再找对象，或者说她找的人都看不上，因为再没有一个人能像那位前任一样，视她如珍宝。只可惜，那位前任要结婚了。

婚礼那天她也去了，我们都以为她是去砸场子的。结果她在现场说了一番很煽情的话，"直到今天我才发现原来不是你不够浪漫，而是我配不上你，你值得拥有更好的，祝福你。"现场有人起哄，有人鼓掌，还有人大赞朋友真性情，却不知事后她喝到烂醉，终于一诉之前的不甘。

不是不后悔，而是后悔也来不及了。

好好的幸福硬生生被她给作没了，如果她能早一点明白过来，也许今天穿上白纱的人就是她。如今再也于事无补，错过的良人早已另娶他人。

那些过得幸福的女生，往往不是有一双火眼金睛，而是她们懂得知足。有人视你如己，爱你如珍宝，这就足够了。

就像有一句著名的言论，你给我爱情就好，钱我自己可以赚。

能说出这种话的女生，自然是有三分底气。

你敢轰轰烈烈地爱一场，又怎么不敢为自己的选择负责呢？爱情说到底，凭的是感觉而不是运气，茫茫人海中你遇到他，他又恰好如你所愿是你喜欢的类型，这种概率和巧合大概只有亿万分之一。

遇到好的爱情是运气，但能把爱情经营好的才是底气。一个真的爱你的男人不一定会有多浪漫，但他一定是把你放在第一位，一定是会把你规划进他的未来。所以遇到了这样的人，请你珍惜他，不要等到失去了后悔。

都说好男人是别人家的，也许在他们出现时，是你自己放走了他。

三十岁的生活从来都是二十岁时决定的，一个人前半生的辛苦努力，不都是为了今后可以过得幸福快乐吗？大学时拼命努力地学习，为的是将来找份不错的工作，工作后没日没夜地加班，为的是换一份丰厚的薪水和待遇。

女人今后幸福的模样，都是曾经与另一半同甘共苦而来的沉淀。

爱情风里来雨里去，也有人并不信奉爱情的真谛就是他对自己好。

是的，一个二十几岁的姑娘如果来谈三十几岁的人生状态，总有一点点的偏差。二十岁两人穷到只吃一碗泡面是幸福，到了三十岁还能这样吗？大概很难再一起同甘共苦吧。

这个世界上能遇到爱情的姑娘很多，只是越年轻越轻狂，越觉得还会遇到更好的，不是一定非他不可。我想说，爱情除了信任以外，更多的是将心比心。

我有个远房表姐，结婚已经有十几年了，孩子却刚上幼儿园。夫妻俩都是大忙人，现在家里买了三套房，生活过得很滋润。

她常被人羡慕是人生赢家，自己能干不说，还保养得很好，夫妻恩爱，儿子聪明伶俐。

她刚开始跟老公谈恋爱时，就发现对方很实在，是个典型的IT男。情人节别人送花，他送了一个锅，因为表姐说觉得花不实用，不如买个锅，刚好她租的房子里缺个锅。

后来他就真送了，当然他也用了心思，选了一口最好最贵的锅。

两人都没钱，开始只能一起租房，直到两人确立关系两年后打算买房。她老公东挪西凑地找钱，她一个月工资三千块，两年时间却存了四万块，可想而知有多省了。

她老公现在也会经常给她送礼物，但表姐很少会主动要求他买，在她心里只要他对自己好就够了，所以她信任他，爱他如初。

爱要有信任，这是彼此携手一生的重要基础。

很多人说，爱情走不下去了，不是因为没有爱了，而是不愿意再相信爱情了。

有的男人有钱会变坏，但也有的男人有钱后依然顾家、爱老婆。

他们不会出轨、不会暧昧，不是因为他们没有机会遇到会让他们心动的女人，只是他们会去衡量值不值得。而一个有智慧的女人往往会让他们觉得那样做不值得。

如果你能足够出色，无论爱情还是事业上都有通透的能力，你还会担心自己过不好这一生吗？所以我觉得不如先过好自己的生活，有了清楚的目标之后，你会发现一切都豁然开朗。

那样，你不会因为选择了奋不顾身的爱情而放弃事业，在三十岁时后悔不已，也不会因为事业放弃爱情，更不用担心你错过了一个良人而买醉痛哭。

勇敢去爱，享受属于自己的精彩！

你敢爱，也要敢承担，当然也要有眼光！

世上除了爱情，还有更重要的事

我们常常会问自己，爱情重要，还是事业重要？但我们很少会问，梦想重要，还是爱情重要？

有的姑娘是离了爱情就活不了。她们对待爱情的态度是：你若不离不弃，我便舍命相依。虽然这没什么大不了，但却有很多女生忽略了爱情的保质期，可能并不像我们想得那么长。

人这一辈子，爱情的确占很重要的位置，因为不管是什么样的女生，从内心深处来说还是希望自己嫁得好。嫁得好不是单看对方家世好、收入好，而是看人本身。

为什么有很多姑娘到了三十岁之后会恨嫁？因为她们一边挑剔，又一边妥协。

如果有一个十全十美正合自己心意的男人，谁会不想嫁？是的，这个世界上好姑娘很多，但就是遇不到合适的男人。

二十岁想法如此，三十岁更是如此。

但我们忘了，其实除了爱情，还有更重要的事可以做。

比如，你想要什么。

有一个朋友一直在爱情中兜兜转转。去年年底在她三十岁生日那天却突然宣布自己要一直单身下去。

我们都很诧异，她可是个没有爱情活不了的人。她曾说，当自己一个人回到冷清房间时，那种孤孤单单的滋味太难受了，哪怕找个三观不合的人也好过一个人孤独地死去。

所以她从来没有停止过谈恋爱，最长的一年，最短的一个月。当然，她遇到的男人也并非个个都是以上床为目的，也有直到分手都没牵过手的。成年人的世界里，还是有很多单纯的恋爱，比如只想在这座城市里找个相互取暖的人。

她最后分手的一个男朋友是个摄影师，没什么钱，却执着于摄影。作品不多，风格较冷门，无人欣赏的那种。

他们在一起时，她跟着他一起去了西藏，去了泰国，去了越南，去了埃及等很多地方。朋友说，她从来没想过，穷游竟然也能这么开心。

她一开始以为这是爱情，但后来她发现，当他提出分手时，她出奇的平静，两个人就像刚认识的朋友一样，说了再见，便各自拿着行李分开了。

说分手时，他们在日本的一个小镇上旅行。她拿着行李没有觉得孤单无助，哪怕当时在异国他乡，她也很顺利地找到旅馆，并继续了后面的旅程。

"那种感觉真的太好了。"她说，"从来没想过原来一个人也可以活成这样。"

她说自己活了快三十年，竟然从来没有一个人出门旅行过，二十岁的时候是不敢，再大一点是不想，害怕自己一个人在陌生的城市找不到一个认识的人，那种无助会令她感到绝望。

有些人什么都不怕，就怕自己一个人。

朋友也是这样的女生，所以当她说自己要一直单身时，我们都震惊了。

不过后来在她的解释下，我们也都相信她可以做到。当一个人敢独自穿越黑暗时，就证明她真的什么都不怕了。

二十岁，我们常常为生活感到无能为力。

为什么有的人可以轻而易举找个富二代男友，被实力宠爱，我们却要一边做兼职，一边又为了考试熬夜看书。有的人长得好看，一毕业就被多个公司抢着要，但我们却在考研和找工作面前陷入两难：找工作怕遇不到合适的，考研又怕将来工作更不好找。

所以此时有一个知冷知热的男人出现，替你撑起所有的风雨，陪你一起熬过艰难的岁月，你不仅感激，还感动，于是就想以身相许，一辈子爱着他。

但是，如果没有这个人出现，也许你同样可以迈过那个坎，也许你可以成长得更快，更好。常常想，当有一份完美的爱情出现在面前时一定要珍惜，却不知道没有了爱情，你还有其他更珍贵的东西。二十几岁若因害怕孤独，一直依赖着某个人，你就永远无法像雄鹰一样成长和飞翔。

我们应该知道自己想要什么，想要成为什么样的人。

有的人每天忙忙碌碌，为的是赚钱；有的人整日清闲，为的是这份自在。

曾有一个朋友，刚毕业时，谈了四年恋爱的男友要她一起回老家，稳定两年就结婚。

他们很相爱，但男友是个喜欢安逸的人，他觉得大城市里压力太大，不愿意留下来吃苦，回家后家里安排工作不说，还有父母照顾，对他来说就是最大的幸福了。

但她选择了留下。刚开始也不习惯一个人，因为没有人在她加班到十二点时等在公司楼下，她回家要战战兢兢地穿过一条没有路灯的小路，每次都害怕得要死，但后来还是习惯了。二十五岁她升了经理，男友在老家找了个女孩结婚。

如今她三十岁，家里一直催着相亲结婚。她也谈过好几个，但始终没有那个男友那样顺她心意，所以一一拒绝了。

有人问她后悔吗？她说不后悔。

后悔什么呢？她喜欢大城市的生活，喜欢这样被推着走的感觉。压力越大越让她感到亢奋，觉得有挑战，有意义。哪怕她为了升职，每天只睡不到五个小时，坐在地铁上背英语，赶工作报告，但这一切都是她想要的。

她理想的生活状态就是这样为梦想打拼，存够钱买套自己喜欢的房子，可以去喜欢的国家旅行，买自己喜欢的东西。

没有爱情，但她可以有更多的东西。比如工作带给她的人脉，让她学会为人处世，都远不是回到那个小城后她所能拥有的。人就是要不断地汲取，才能饱满而成熟，也更清楚自己想要什么。

爱情最好的样子不过是你牵着我，我牵着你一起走到白头。但如果是做自己喜欢的事，即使到了八十岁，依然可以精神奕奕地活着。

因为懂得爱自己的人，永远不会缺少爱。

你选择爱情，可能会错失机遇；你选择了事业，可能会错过爱情；你若选择单身一辈子，就放弃了人间的团圆美满。反过来想，我们把问题看得简单一点，没有爱情，我们也能活得好好的，有事业至少有依靠了，单身还能更自由自在。

有时候我们羡慕别人拥有的一切，其实正是自己所放弃的，所以根本不用羡慕。尊重自己的选择和决定，知道这个世界上有一些事比爱情更重要就好。

我喜欢网络上流传的一句话："与其找个男友结婚，不如买套房。"我把这句话理解为：我们如果自己可以争取拥有的，为什么还要找男人要呢。

男朋友可以找，但不能将就，爱情可以要，但不需要拿余生的全部去换取。

也许你谈了几次恋爱后会发现，原来跟一个三观不合的男生聊天，不如看本有趣的书。但如果有一个真正有趣、对口味的男生在面前，再好的书也不需要急着去看。

最后我想问，如果这一辈子你都遇不到自己想要的爱情，你会活成什么样呢？你会凄凉而孤独地老去，还是会认真而努力地活着呢?

　　我希望每个人都可以选择后者。你可以以追求爱情为目的去选择生活,但不能因为没有爱情就放弃了自己的人生!

有被爱的运气,也要有被爱的实力

前段时间见了一位老友,他自主创业,据说身家早已上千万,但为人低调从不张扬。三十三岁的他是许多女生眼里的"优质男友",可他却一直保持单身。

朋友们都想知道为什么,于是在聊天中开玩笑地问他,"究竟什么样的女生能入你的法眼?"

他想了想说,"你们可能都以为我眼光高,其实真不是。我想要的另一半不一定要很优秀,但绝对不能太普通。并不是我看不起没能力的人,而是我希望我的另一半至少能跟我有共同语言,这样在我焦虑或烦恼时,我才能向她倾诉。当我工作中遇到困难时,她会开导我,甚至帮忙出主意,而不是比我还紧张,只会问我'怎么办'。"

我还未说话,另一个女生就直截了当地说,"像你这样的,大概只能孤独终老了吧。"

朋友笑而不语,并未多做解释。

然而没想到不到一个月时间,他就传来了喜讯。原来他在去日本旅行时遇到了自己的真爱。他发来照片,想让我帮他参谋。

我看完照片,回他道,"你选的,自然是最好的。"

他"呵呵"一笑,"还是你懂我。"

其实并不是我懂他,而是我坚信一件事,优秀的人都是相互吸引的。

一个女生无论多大年龄,都要有被爱的实力。

我亲戚家的一个女孩,当时只有二十三岁,却整天被家里人催着相亲。她本人倒是不着急,就是家里人急,所以她也被逼无奈见了几个。

其中有一个相亲对象是男方家长直接带到家里来的。这个男生比她大三岁,可看起来却显老。长得很高,也很胖,虽然这没什么,可女孩不到一米六,体重不到九十斤,两人之间的外形相差太远。

女孩自然是没看上,以为见完就算了。哪知她爸爸却发了火,生气地说,"我觉得这个就挺好,你好好相处吧。"

女孩也不示弱地回应,"我又不喜欢他,你要喜欢你自己相处去。"

她是被家里宠大的,上面有两个哥哥,在家里什么事也不用干,每天就只顾抱着手机玩,也不出去工作。每份工作做不了两个月就喊累。以前父母心疼女儿,就让她慢慢找,实在不行就回家,说家里还养得起。结果她就真的回家待着,再也不出去找工作了。

一开始父母还觉得没关系,但渐渐地却发现,在邻里和亲戚面前有些没面子。因为每当别人问起她现在做什么时,他们都不知道该怎么说。说她没工作在家啃老?

那次的相亲,她爸爸大概也是气急了才忍不住发了脾气,但没多久就后悔了,事后找到我希望帮忙劝劝她,还说没工作没关系,但至少把对象问题解决了。

我得知后也感到焦虑,这个妹妹小时候跟我很亲,我很希望她以后能好好的。

我找她耐心劝导,得知她对那个相亲对象完全无感后,就让她先找工作,谈恋爱的事可以先不着急。

可她却说,"我每天上班要听领导念叨,下班要听爸妈念叨,你要不先劝劝我爸妈别管我了,等我玩够了自然会找工作、嫁人的。"

我一听也生气了,"你要想不让他们管,就自己出去租房子住,找份工作干。你整天赖在家里当寄生虫,他们不管你,谁管你?你继续这样下去,就算以后嫁人了,他们还得操心。你难道想以后看上件衣服都得向父母伸手要钱才能买吗?"

说完后我便不再理她,但她似乎也听进去了,没过两天就回到原来的单位上班。后来亲戚再说起她时也变得高兴了,说她像变了个人似的,再也不是每天一下班就宅在家里追剧。现在每天跑步健身,周末还上英语补习班。以前因为加班太辛苦而辞职,现在竟然还抢着加班。

如今她又换了一份更好的工作，收入也比原来高出几倍，还和男友一起按揭买了套房。她打电话时说起自己的变化，正是因为我那句"结婚了可能要过伸手要钱的日子"触动了她，才下定决心改变，最后还不忘说，"原来一个女人有了实力，真的连底气都不一样了"。

她的男朋友在外企做销售主管，无论收入还是能力都比她强，换作以前的她可能做梦都不敢想自己会成为这样男生的女朋友，但如今却是男朋友主动追求的她。

所以遇到好的爱情是运气，但也要有这份被爱的实力。

有人抱怨自己找不到好男友，但如果你每天宅在家里追剧，天上会掉个男朋友下来吗？可如果你每天跟一群优秀的人在一起共事，不仅自己会变优秀，爱情也会自动找上门。

有的95后已经开始用上贵妇级护肤品，背着迪奥、香奈儿这样的奢侈品包包，甚至有价格不菲的座驾。我们可能都会想她们是不是运气好，是个富二代，或者长得漂亮找了个有钱的男朋友？但是我们很少会想她们是不是靠自己创业，或是上班赚来的。

眼界狭隘的人，会被限制想象力。

网上有一句很经典的话，"以前看到别人拿着苹果手机以为都是为了装，买几千块钱一件的T恤觉得太奢侈。但等自己也有了这样的能力时才发现，原来不是别人装，那只是他们的日常生活而已。"

就像很多时候我们羡慕别人嫁得好，看到的大概只是她的老公多优秀，却忽略了这个女生可能月薪几万，经济实力完全不输男方。

现今这个时代，女性有可以与男性在职场公平竞争的机会，也有自由选择婚姻的权利。被一个优秀的男生喜欢，多少需要一点运气，但有实力的人会更容易遇到这样的爱情。

很多女生在二十几岁时就知道自己想要什么，于是她们会全力以赴地努力，专心致志地奔向梦想和目标。

她们不急于恋爱，但在不断拥有恋爱的资本；她们不憧憬未来，但在不断创造未来。

因为她们够自律，够独立，生活习惯良好。她们会为自己理想的生活去拼去努力，她们并不比别人幸运多少，她们唯一幸运的大概就是把机会变成了现实。

如果没有付出，就没必要羡慕别人拥有的一切。因为能过上自己想要的生活，多少都来自她们比常人承担了更多的负担和压力，也经历了更多别人所没经历过的挫折。

上帝会赐予少数宠儿一生的幸运，但大多数都是靠自己的双手拼来的。很多女生都是在努力的过程中结识了优秀的人，因此才有机会嫁给这些优秀的人。

建议女生有时间追剧，不如多报几个兴趣班，即使自己不学习，在这里也会遇到一些优秀的人，可以积攒自己的人脉。用逛淘宝的时间多看两本书，当你遇到一个优秀的男生时，就算他跟你聊国外经济、物理原理或者更冷门的东西，你也能插上两句话，而不至于只会露个尴尬而不失礼貌的微笑。

当你年龄越大，经历得越多，你会发现生活中的一切都是冥冥中自有安排。你准备好了，上帝才会赐给你机会，让你遇到更好的爱情！

二十几岁的女孩该怎样过好这一生

记得我刚毕业时到一家单位实习,由于工资少得可怜,除去生活费和房租后所剩无几,而我家里经济条件不好,再缺钱也不好伸手向家里要。所以当一位同事在下班后,邀我一起去逛街时,我为了在公司多工作一会儿努力赚钱便拒绝了她。

但她却说,"你每天上班就那么两套衣服,也该换换新的了。"

这句话也许是她的无心之语,但却像根刺一样扎进我的心里。

最后出于某种虚荣心,我便跟着去了。逛了半天,看上一条心仪的裙子,很是喜欢,但一看价格只好默默地又将裙子放下了。同事倒是满载而归,买了一大堆新款,刷起卡来眼都不眨。

回去的路上她问我,为什么刚才看到喜欢的不买?

我有点尴尬,如实地告诉她正准备换电脑,若买了衣服,钱就不够了。她一听却换了一脸说教的表情:"你干吗要自己存钱买电脑呢?你应该买漂亮的衣服,把自己打扮漂亮一点,找个男朋友给你买啊。"我一听就愣住了,原来还有这种逻辑?

虽然在我当时的认知里并不知道自己未来会怎样,工作会不会很好，能不能赚到很多钱，但我还从来没有想过把自己打扮得漂漂亮亮，然后找个男朋友为自己花钱。

同事见我一脸迷茫，又继续说道："你看我这些衣服，随便一件就几百上千，我一个月不到五千块工资，能买几件啊，都是花我男朋友的钱啊，不然你以为我舍得买吗？"

一席话听得我醍醐灌顶。以前我一直以为她有额外做兼职赚外快或是因为家里条件好才敢如此大手大脚地花钱，那时才发现原来她有钱的原因是找了个条件不错的男朋友。

不过后来我并没有听她的话，还是买了台电脑，然后用赚来的钱买了更多条漂亮又好看的裙子。

后来我离职，专心写作，与她再无交集，只是偶尔在朋友圈里看到她秀恩爱，或者晒各地旅行的照片。我想她应该是嫁得很好，可最近又得知，她一直没结婚，在不停地换着男朋友。

不过，因为没有什么交情，多打听别人的事也不好。但我却很庆幸自己在那个时候做出了正确的判断和决定，没有像她一样把所有的心思都花在打扮和钓个金龟婿上。

当然，不管她现在过得好与不好，作为成年人来讲，她都有能力去为自己的人生负责。

很多人说，三岁看到老。其实二十几岁才是真正决定女生一辈子的年龄。

如果你怕自己将来过不好，就要在二十几岁多努力赚钱，这样你才能过上自己想要的生活；如果你怕自己将来嫁得不好，更要在二十几岁时努力赚钱，因为这样在婚姻面前你才能有更多选择权，不必担心嫁得不好，离婚后养不活自己。

以前我曾面试过一个女生。她刚从学校毕业，长得很漂亮，但简历却很丰富。她从大一起就开始兼职，大二办起家教培训，大四的时候别人在找工作，她已经实现了财务自由。

我问她，为什么想来我们公司上班？

她说想多增加一点社会阅历，虽然自己创业，也希望到大公司学习和增加一点工作经验，帮助拓宽自己的事业。

我有些吃惊，但很喜欢她的通透。

一个女生在二十几岁时懂得为自己未来的每一步路谋划，她也肯定知道自己想要什么，要过怎样的人生。未来会怎样，全在她的规划之中。她不怕输，更不会怕失败，因为她有能力去承担那些后果。

想起网上有人提的一个问题：每年有那么多非名牌大学毕业生，他们都去哪儿了？

问这个问题的人大概是想知道，那么多学历并不好，而且工作也不好找的人，他们该如何在这个社会上立足，又如何与那些名牌大学的学生竞争岗位呢？

其实不用担心，真正努力又能干的人，并不会因为学历而被限制发展，反而有学历的人不一定干得比他们好。

二十几岁的女生只要现在足够努力，将来都不会过得太差。当然，在努力的同时还要学着规划自己的人生，比如什么时候可以结婚生子。

有一个朋友在医院当护士，前不久刚生完孩子，但坐完月子后就立马把孩子交给婆婆带，自己回医院上班了。

原本生完孩子的她变得很胖，小肚子也出来了，我们都担心她会瘦不回去，哪知几个月后再见她时，已经瘦回原来的样子。

我们都很惊讶，但她却一脸愁容，"你们有什么好羡慕的，这都是累瘦的。"

原来，她们医院每天都很忙，虽然只有八个小时的工作时间，但上班期间几乎没有任何空闲，每天都在不停地走，各个病房查看，病人也是各种找麻烦，有时候连播放个电视也要找她。她心情不好时很想怼回去，但她不能这样，否则会被投诉，这个月奖金也就泡汤了。可就算已经累成这样，她一个月工资却只有五千块。

她说，"我每天早上七点就走了，走的时候孩子还没醒，回去的时候吃完饭，洗完澡想陪陪孩子，却发现要不就是没力气，要不就是孩子已经睡了。"

她想辞职不干了，但一想到家里每月房贷要还，孩子奶粉要吃，一家大小的开支那么大，就不敢辞职。而她老公虽然工资高一些，但如果她辞职的话就根本存不下钱了。

朋友最后感叹，"早知道自己现在日子过成这样，在生孩子前就应该赚一笔钱存起来，现在哪至于每天累成狗还得拼命赚钱啊。"

相信身边应该有很多生完孩子的职场女性，之所以坐完月子就马不停蹄地回去上班，除了有几个是真的怕被社会淘汰以外，大多数还是为了那份收入。

所以如果在这之前就赚到足够的钱，生完孩子后不仅不用担心经济问题，还不用担心婆媳问题。完全可以花钱找月嫂，也能选择多在家一段时间来陪伴孩子，两全其美，何乐而不为？

我们应该庆幸自己没有活在那个不能决定自己命运的年代，现在不管是工作、婚姻，还是未来，都可以由你自己来决定。

你喜欢穷游，可以背起背包就走；你喜欢写作，就专心在家好好写。因为再也不会有人逼着你大门不出、二门不迈，也不会有人说"女子无才便是德"这种话。

二十几岁时，如果你不确定自己的未来，那你应该庆幸自己还有机会选择。

女孩子的一生，应该是富有和饱满，是阅历丰富，有趣而精彩的。

女孩子不要为不必要的爱情毁掉一生，更不要为爱而放弃自我。要努力，直到过上自己理想的生活；要等待，直到嫁给爱情。

第二章

请成为更优秀的人

　　上帝最不会亏待的就是优秀的人。从古至今,女人的地位变迁和思想变化,都没有影响到优秀女人在这个世界上得到的尊重。所有的懒惰和借口都会成为阻挡你前进道路上的绊脚石。只有成为更优秀的人,才能活成那个寄予厚望的自己!

旅行，让生活变得沸腾

六十五岁的毕淑敏在微博上晒出她自己去北极的照片，精力充沛，完全不像一位六旬阿姨。

但也有人发问，为何去那么危险的地方？

她这样回答，"其实世界上最可怕的险境，恰恰是凡事万分小心。很多人终生困在他们自己的茧里，直到生命结束时才恍然发觉，世界只是一个茧，而自己竟未曾真正地活过。希望你不要选择如此度过一生。"

我很喜欢这样热气腾腾的生活方式，也崇拜这种乐观的态度。

其实旅行不就是为了让自己的生活变得沸腾，为了在旅行中重新找回丢失的激情、热情、梦想和自信吗？

一直很喜欢旅行，以前没钱也要去，买一张硬座票，在充满各种汗水和泡面以及脚臭味道的车厢里，激动而又兴奋地期待着终点站的到来。后来条件好点就改坐卧铺，卧铺车厢里稍微清静一些，但晃荡的火车和沿途的风景不变。

之所以喜欢火车，因为它行驶旅途中会路过很多地方，可以看到宽广的世界。尽管只是路过，但心情却会随着旅途的变化而变化。

旅行带给我们的远远不是一份好心情那样简单。

以前认识一个女生，二十三岁就嫁人了。

由于婆家家境好，老公也很能干，她婚后的生活过得无比滋润，工作也很轻松。没两年她就怀孕了，于是便辞职回家生孩子。

生完孩子后的她，因为不经常出门的原因，开始变得不爱收拾自己，身材也发福不少。孩子两岁大时，她老公说一家人去巴厘岛玩。

她激动坏了，打算报名学游泳，顺便再买套很性感的泳衣。可没想到，她老公听到她的计划冷冷地说了句："还是算了吧，别浪费钱了，反正你那身材穿啥都一样。"

她很伤心，但很快就不在意了，又兴高采烈地准备着。自从辞职回家后，她就习惯了老公的冷言冷语，在跟朋友说起时别人劝她不要这样忍着，以后有苦头吃。她却说自己现在没工作又没收入，本来就是在家靠老公养，受点气也没什么。何况她老公只是嘴上不饶人，心里还是对她好的。

好不容易去了巴厘岛，老公却全程都是黑脸。原来由于她第一次出远门，连飞机安检也不会，害得她老公跟着她一起丢脸。

等住进酒店后，她忍不住说了句："哇，老公，这酒店好漂亮啊，肯定很贵吧。"

旁边的人都看她，她意识到自己又丢人了，然而她老公此时已经快速拿着房卡走向电梯，完全没有等她的意思。

后来的行程她也没有玩尽兴。因为她老公一直都在说，"早知道你这么丢人，就不带你来了。"

同行的一个女士看不下去了，帮她说了几句解围的话。

她很感动，回国后她特意请这位女士吃饭。见面后女士跟她聊了很多，也许是看她人老实，所以讲了很多关于自己的事。

女士说自己在这座城市最好的写字楼里上班，月薪几万，每年都会有几次旅行，去过欧洲、非洲，看过法国埃菲尔铁塔，到过埃及金字塔……她听得很入神，却不知该如何回应，因为女士说的那些地方，她有很多都没有听过，更别说去了。

最后，女士又真诚地对她说了一番话，"其实跟你说这些，不是想要向你炫耀什么，而是想告诉你，女人靠自己的本事也能得到想要的一切，你没必要这么年轻就在家里看你老公脸色生活。如果他真的会一辈子对你好，你变成什么样，他都不会嫌弃。但你现在还这么年轻，他就开始嫌弃你，那等你老了以后呢？你该怎么办？"

那顿饭本来是她请，但最后却是女士付的账。她想给钱，女士按住她的手，示意她不用。后来她说，就是这样一个动作，触动了自己，体会到没有独立收入的悲哀。如果当时自己也能像那位女士一样，请别人吃顿饭，眼都不眨的话，那该多好。

想起自己在婆家虽然过得很好，但每个月花钱都是老公给的固定生活费，若是花没了或者超支了，她老公就会问她花哪儿去了，为什么不够之类的话。直到跟女士吃了这顿饭后才觉得，老公的那些话让她有多不舒服。

没有对比就没有伤害。在别人眼里自己过着衣食无忧的生活，不需要去公司上班承受压力，也不需要为养家糊口而奔波。但也正因如此，自己的目光变得短浅，没有阅历，跟不上时代节奏，世界小到只有老公和孩子。

后来她离婚了，带着孩子一个人过。

离婚后她开店创业，每天健身，学护肤保养，每年带孩子出国旅行。她说虽然现在的生活不如从前安逸，但每天都很有激情和动力。之所以现在一定要让孩子多去见见世面，就是不希望以后像她以前那样活着。

她去过北极，挑战过高空跳伞，也吃过活的海鲜，甚至还去了非洲……每一次旅行，她都会遇到不同的人，跟他们聊不同的故事和话题。旅行给了她二次生命，也让她的人生重新活过来。

说起当初离婚的原因，她说原本只是打算出去找工作，结果她老公坚决反对，说她不好好照看孩子瞎折腾什么，后来她又说想减肥要办健身卡，她老公还是不同意，让她下楼跑步锻炼，不要花冤枉钱……

她想变好，他拼命阻止，所以她只能选择离开。

如今她变得自信又美丽，三十几岁的人活得比二十几岁还漂亮。

世界没有困境，困住的其实是自己。

没有人天生就不擅长人际关系、不能在职场打拼成功。所以不要把人生过早地定位，也永远不要说不会，不行，不可能！

如果觉得不可能，那是因为没有勇敢走出第一步。只要走出第一步，后面的九十九步就会容易了。不要把世界当成一个茧，更不要等到老了以后才醒悟，那才真正为时已晚。要为梦想，为自己的人生真正活一回！

真正去看过这个世界，遇到更多的人，见过更多的事以后，你会发现原来一切都没有那么复杂，你所纠结的，所以为的天大的事，有时候根本不值一提。所以要去旅行，去见世面，看得越多，心就越宽阔，越发觉生活里的那些困扰并不算什么。

优秀的人很少会焦虑自己的生活，因为她们每天关心的是工作、客户。她们如果遇到问题，不会独自在家胡思乱想，而是有很多种方法去放松和减压。比如可以去做SPA，可以去旅行，可以购物，可以做任何她们想做的事情，没有人会嫌她们花钱多，也不会有人觉得她们是小题大做。

她们独立、优秀，可以肆意享受人生。

每个人都该拥有这份沸腾的生活，才能在未来的人生中走得更好。

你整天加班抱怨自己累得像狗，抱怨老板太没良心剥削员工，但有人就算通宵加班依然能洗个澡继续按时上班。你挤公交坐地铁就觉得自己很辛苦，生活不易，但还有些人不仅每天要挤地铁坐公交，回家后还要自己做饭洗衣服，学习。

　　同样是生活，唯有时刻保持激情，才能成为更好的人！因为不抱怨的人，往往会成为站在高处看风景的人！

要努力地工作,也要快乐地生活

现在的女孩真的都越来越拼了。

有个95后女孩刚满二十五岁就已经是一家装修公司经理。她很喜欢设计,毕业后便到公司干销售,第一个月她就签下一百万的单子,公司老总亲自夸奖。

她所在的公司是全市最好的家装公司,业务量很大,但竞争也很激烈,同事间也会为一个客户抢得头破血流,很多人刚进公司不到一周就不干了,因为干不下来。

当时她进公司,才二十岁。一百万的大单,怎么做到的呢?

她遇到一个客户买了几十套小户型,打算装修完出租。为了跟这个客户,她花了很多心思。有一次方案讲到一半,客户有事,她就在对方公司楼下等了一个下午,直到人都走光了,客户才走出来,一看到她吓一跳。

她赶紧起身,拿着方案笑呵呵地走过去。客户却摆摆手,说今天太累了,明天再说吧。

第二天一大早,她就在那儿等着。就怕客户被别人抢走,因为这个客户说他准备马上装修。其实这个客户故意透露出着急装修的态度，不过是一种套路，是想让装修公司竞价罢了。这个客户在生意场上老谋深算，一块钱都斤斤计较，一口一个大公司价格贵，用料差，处处都是坑。

她一一解释，甚至把材料样品背过去给客户选。

那一个月，她就跟客户死磕了。

很多人说她傻，没有一个客户会因为她的死缠烂打就同意交钱的。这一行不比其他，精明的客户都是要折上折，优惠价上再砍价。

可她偏不信这个邪。心想：一定要啃下这块硬骨头。但因为刚入行，很多东西都不懂，设计师又不肯加班，只能自己摸索着做。

她找出公司以前的方案参照学习，自己算价格，把每一分钱都算得仔仔细细，以免客户问起时不知如何回答。最后，这个客户终于松口说他考虑下，一周之内决定。客户说她是他见过最认真的业务员，还邀请她去他们公司上班。

但她的梦想不是当个销售精英，而是成为设计师精英，所以婉拒了。

她所在的公司有个不成文的规定，不管设计师还是销售员，进公司都得先跑业务。也正因如此，公司业绩才能成为行业之首，业务员个个都是精英。

一周后，客户下单了，当场交了十万订金，光这订金，她都能拿到不少提成。这个客户临走时拍拍她的肩说，这单做好了，自己的别墅装修还找她。

有人说她运气好,遇上这样一个土豪客户。但只有她自己知道为了跟这个客户,花了多少心血。

入行两年多,她的拼劲让同行信服,因为很少有人会为了一个客户,竟拿出拼命的架势。

有的客户白天忙,晚上才有空量房,她都会赶去。有一次听说同行一个长得漂亮的女孩遇到变态客户,差点被性侵,她也被吓到了,但是工作还是要继续做啊。

虽然已经做到经理位置,业务员搞不定的大客户,她就亲自出马。当然,她的收入也是同行的几倍之多,是行业内成长最快的设计师。

她现在不仅是经理,还是公司首席设计师,不少客户点名找她。助理劝她少接一点,她一口拒绝,"这次不接,下次客户也不会再找你。这一行要的是口碑,也要你全力以赴。"

不过,当很多人觉得她太累、太拼时,她却说自己很快乐。

当她加班为客户赶方案时,她想的不是客户有多刁难,而是把毛坯房装修好后,那种快乐的成就感,是努力的见证,所以过程多累多难她都心甘情愿。

现在很多人因为加班熬夜皮肤变差,睡眠不足时便情绪不佳,抱怨社会压力太大,怪老板太刻薄,怪客户太刁钻。但却很少想这份工作是自己选择的,它可以让我们买房买车,来场说走就走的旅行。牢骚满腹只会让自己越来越讨厌工作,失去快乐。

所以,我们努力工作的同时,也要学会快乐地生活。

连续加班一个礼拜的确很累，但想想你的项目完成了，客户满意了，老板高兴了，一大笔奖金又到手了。付出的辛劳得到了回报，是不是会觉得很快乐呢？

如果你不为钱而工作，只为追求自己喜欢的事。你做得好，得到别人的夸奖，是不是很快乐？

闺密T刚进房地产公司工作时，经常加班到两三点。后来有一次为了赶方案，团队的人被带到酒店里通宵加班。

她忙了一个晚上，第二天一大早仍元气满满地发自拍，说早安。

我们看到她发的朋友圈，问她累不累。

她说，"不累啊，你不知道我们有多牛。我们团队里有好多厉害的人，原本以为要通宵几个晚上，没想到一个晚上就搞定了，大家挤在一个房间里，一起拼的感觉真的很棒。"

把工作当成乐趣，你会快乐得多。抱怨只会让你越发讨厌工作，不愿去努力，会觉得所有的辛苦都是被逼无奈。如果换个想法，会发现工作变得轻松很多。因为所有的抱怨和埋怨都是多此一举。

如今，有很多人患上焦虑症，每天大把掉头发，失眠严重，甚至靠安眠药才能入睡。

但如果让她们放下工作，完全休息，她们肯定不答应。只有在工作时她们才会如此激情满满，像打了鸡血一样。她们不是不累，而是把工作当成一件快乐的事，她们愿意为此而努力。

也有人把加班当成一种折磨。在公司她们只做自己分内的事，多安排一点工作就会满腹抱怨，甚至把工作做得一团糟，却一副事不关己的样子。出了错，还理直气壮地说这本来就不属于自己分内的事。

闺密有个同事就是这样，她从来不会做额外的工作。团队加班赶项目，她再忙也会按时下班，上司要求加班时她会理直气壮地反驳，公司只付我八小时工资，我为什么要加班。

领导最后发话，要么加班，要么走人。

结果，她四处说公司领导刻薄，加班时能偷懒就尽量偷懒。她进公司半年，除了觉得加班辛苦、公司没人性以外，没觉得公司有任何好的地方。

如果你不想工作，最好的方式是辞职，而不是抱怨。

努力工作是为了快乐，而不是为了给自己找累受。虽然努力工作会很辛苦，很累，没时间陪家人，错过孩子的成长，但努力工作会让你减少很多烦恼，比如家人生病了，没钱给他们看病，那时你会快乐吗？你还会为自己的工作轻松，赚钱不多而觉得这就是想要的生活吗？

努力工作不一定会很快乐，但至少可以让我们不必为钱而发愁。

父母生病了，可以让他们选医院里最好的病房，接受好的治疗。

孩子出生了，可以让他们接受良好的教育，可以带他们去世界各地，见见世面。

婚姻不幸时，可以自己独自生活，不担心经济问题。

努力工作，本身就是一种快乐。给家人最好的，让他们享受到最好的生活，自己会快乐；给自己最好的，让自己享受最好的生活，自己同样会快乐。

有些辛苦，其实是值得的，快不快乐换个角度来看，自然就会有答案！

当你足够优秀时,你就有了选择未来的权利

你有没有想过,当你足够优秀时会怎样?

最近有个朋友的店开分店,我们去祝贺时发现生意真的很好。自从她创业以来,一直是我们羡慕的对象。因为她凭自己的努力已经赚下数百万资产。

但她却说,如果自己再早几年这么努力,会比现在更优秀。

的确,五年前的她跟现在判若两人。当时她在一家外贸公司上班,工作很累,还常常加班,公司管理很严,出一点错就得自己全权负责。

不过她有个能干会赚钱的男朋友,见她这么辛苦便说,如果觉得累就辞职吧,他养得起。一开始她不愿意,一是觉得靠男人养没出息,二是觉得女人还是应该有自己的事业。

但没多久她就辞职回家靠男友养了。

她辞职那天,还请我们吃饭。聊到兴起时,她说,终于脱离魔爪了,去他的工作,去他的抠门老外,以后就专心做个好吃懒做的幸福小女人了。

回家后，她真的一直被男朋友养着。男友每个月不仅给她钱花，也从不嫌弃她在家赋闲。

只是很快她就厌倦了这样的生活。她发现身边的朋友要么升职了，要么出国了，每个人的生活都过得精彩又充实。每次聊到职场、工作，只有她没话可说，她觉得自己此时有点像"废物"。

她提出要开店，男友很支持。

本来她只是想用来打发时间，却没想到她很有商业天赋，她拿到工厂里的外贸原单尾货，因为价格低、质量好，她的生意做得很火。渐渐地，她越来越忙，也越来越努力，每天跑市场选材料，有时忙到晚上十一二点才回家。

后来她干脆扩大经营，线上线下一起干。记得有一次，她男朋友工作上遇到麻烦，她听完后一点不紧张，反而豪气地说，"没事，我养你！"

在朋友圈，她一直被传为佳话。以前她下班就在家追剧，熬夜玩游戏，辞职后更是变本加厉。我们以为她会一辈子这样，谁也没想到她会成为一名女强人。

现在的她过得很好，随时可以来场说走就走的旅行，没人再因为她做错事就扣钱，她也不用再每天烦恼没钱怎么办。

她说，以前不知道为什么那么多人拼命工作，现在才知道，原来是为了以后可以不再那么拼命。

有人说这个社会虽然很平等，但自动就分成了三六九等。例如：

超级优秀的、非常优秀的、优秀的、一般的、普通的、平庸的等。

大多数人都甘于平庸,不是因为他们笨或者傻,而是他们不愿意变得优秀。他们觉得变优秀没有用,也可以说他们的世界不够大,不知道变优秀的好处。

贫穷限制想象,而优秀人的世界也不是平凡人可以懂的。不懂为什么有人会花一年半载的时间去拍一组百年难得一遇的照片,不懂为什么有人愿意整天待在实验室里与瓶瓶罐罐做伴……因为你不够优秀,自然想象不到这个世界上优秀的人都在做什么。

我先生老家有个邻居女孩,她家里重男轻女。

她读书成绩很好,在班上数一数二。可是读到高中时,家里人却提出不让她念高中,觉得女孩多读书没什么用。她以绝食来表示抗议。父母只好答应她了。她很争气,每年都拿奖学金,后来一直读到研究生。她当初就知道,父母不想让她上学,有一半的原因是家里的钱想留给哥哥娶媳妇儿。她明白将来要想过得好就得靠自己努力。

前不久,听说她已经被一家上市企业录用,实习工资八千元,转正后会更高。

她终于变得自力更生,再也不担心父母因为她是女儿,就认为是赔钱货。她有一个亲戚就曾劝父母不要让女儿多念书,钱不如留着给儿子买房,早点把女儿嫁出去,还能给家里换点钱。

当时她心里很不平,但又无力抗争,只能努力学习,争取以后可以远离这些人。

她始终明白,如果她不变得优秀,永远都不能选择自己想要的人生,只能听从安排。只有当自己足够优秀时,才能自主选择人生!

当然,我们努力不是看到别人怎样才去怎样,你的优秀源自自身的才华和本领,而不是身边的人给予你的动力。人生是自己的,不必事事遵照别人的行为模式。如果你没有足够优秀的本领,也不必学人家创业和拼命,只需要过好自己的小日子就好。

但如果我们有能力,就该好好利用自身的优势和资源,去完成自己的使命,好好工作,拼命赚钱。

一个足够优秀的人反而更虚心、谦逊。她们不会因为自己赚到几百万元就自大,反而很低调,因为她们知道自己这点钱跟有钱人比简直是九牛一毛。如果月入一万元就觉得可以满世界地炫耀了,反而显得像井底之蛙。

所以优秀的人很大程度上是在思想和境界上的提升,也是在见识和阅历上的增强。她们的目标不是脱贫,而是致富;不是赚钱,而是实现自我价值。

人的价值很重要,如果没有价值,人将一无是处,格局也会大打折扣。

当你足够优秀时,你可以主动选择;

当你足够优秀时,你可以去做自己喜欢的事;

当你足够优秀时,你可以远离观念不同的人。

你的优秀程度决定你的个人价值，更决定你会过怎样的生活。因为我们想要活成自己理想的样子，所以才要变得更优秀！

当我们足够优秀时，再回头看看曾拼搏走过的道路，以前都是寸草不生，现在又重新开出了绚丽的花朵。

变得优秀的你，相信再也不会被生活所迫，只会更加热爱生活并用心去享受！

别把情绪带进工作

朋友公司招了一名实习生,最近让她头痛不已。

朋友是自己创业,公司现在正是起步的时候,招这个实习生,就是因为她说自己什么都肯干,只要给她机会就好。

事实上,这个实习生确实很能干,吃苦耐劳。公司刚起步,人少事多,这个实习生任劳任怨,有什么事都是主动要求去做。

朋友对实习生很满意,想重用她。哪知刚把她转正,问题就来了。

最近这个实习生失恋了,每天都不在状态,一提到感情的事儿就哭,公司里的同事怕惹到她,连个恩爱都不敢秀,工作更是不敢交给她做。但偏偏这时候又有个员工离职,本来公司事情就多,朋友忙得手忙脚乱,还得照顾她的情绪。

朋友说,有时候真的想叫她走人,可现在公司正值创业期,成本能省则省。这个实习生一开始就表示工资低没事,她愿意在这里学习,而且以前也干得挺好的,就是没想到失个恋这么久都缓不过来,还把情绪带到工作上来。

很多时候可能她们没有意识到，自己的坏情绪在影响工作，甚至影响他人。她们以为失个恋是天大的事，别人都该设身处地为自己着想，所以工作哪有失恋更重要。

有的人失恋，连楼都敢去跳，所以在她们的眼里，失恋真的是头等大事。但作为老板，作为客户，他们不会这样想。在工作中，我们至少要有职业素养，把工作和私生活分开，尽量别把不良情绪带到工作中来。

懂得管理自己情绪的人，往往都有一颗强大的内心，这样的人只会越来越成功。

对于有职业素养的人，她们会觉得，工作就是工作，任何工作以外的事都不该影响到自己的生活。

闺密说起她们公司的一个女高管有一天失恋了，相恋八年的男友跟她分手了，就因为她是个工作狂，没时间陪男朋友。

她打电话叫闺密陪她喝酒，在KTV里鬼哭狼嚎地唱了大半晚上的《我们能不能不分手》。闺密当时在想，如果她清醒的时候看到自己这副样子，估计会不好意思上班吧。

女高管后来在回去的路上，拉着闺密的手一遍一遍地讲他们的恋爱史，听得闺密都快烦了。可看到女高管哭花了妆，假睫毛也掉了，闺密心也软了。所以送到家后，特意帮她清洗干净，把她扶上床睡好才离开。

原本以为女高管第二天会迟到或者不来，但没想到，闺密刚进公司，就发现女高管端着一杯咖啡向她说"早安"，语气又恢复了平日里的高冷，就像昨晚哭得像鬼一样的人不是她似的。在当天的会议上，她没有任何失态，下午还谈成了一个客户，一整天都在专心工作。

闺密最后说，难怪她男朋友会离开她，她根本不是人类啊。

可等到闺密自己当了经理后，她终于知道当初女高管为什么能那么快恢复元气了。原来做到这个位置才发现，管理好自己的情绪，不把坏情绪带到工作上来，这才是职场素养。

为什么要管理情绪？因为情绪会决定你的成败。

二十几岁时，还没有承担起太大的责任，自然感觉不到情绪对工作和他人的影响。顶多是被上司骂，工作出了错，还能弥补。但等你到了三十岁，你的事业做到更高的位置，权利更大，这时如果你不会管理情绪，损失的很可能无法挽回。

管理情绪也是高情商的一种表现，在职场中，除了要学会如何与人相处打交道，还要学会管理情绪。很多人在这一点上很难做到。

情绪不光有突发性的，还可能是积累性的。比如你长期被领导批评，说你这做不好、那做不好，你不仅心情低落，还会因此怀疑自己的能力。如果一直把这种情绪装在心里，越积越多，就会在某一天爆发，最后你只会因为自己没有成绩而被辞退。

如果在你第一次被批评的时候，不是默默接受而是大胆提问。对领导的不满寻找解决方法，不去在意他骂了你什么，而是认真听他不满意你的是什么，相信你的能力会提升很快，而等你做得足够好时，领导自然也会表扬你。

所以不能带情绪工作，你怕领导批评你，你就更紧张、压抑，在领导批评你的时候完全没听进去他说什么，事后你还会继续出错。所以管理好情绪，就要胆大心细，不管领导再怎么批评，该问的还是要问，不要害怕。也不要因为被批评而心情不好，抵触发问，最终吃亏的还是你自己。

怎么才能管理好情绪呢？

我们要学会分析。

比如因为失恋心情不好，你可以这样分析，你的男朋友会不会因为你这么难过就不跟你分手，你会不会因为他跟你分手以后就不再找男朋友了？这样想你的心情就会好得多。

一般当我们心情不好的时候，都是因为被他人否定，于是便下意识地否定自己。等冷静下来仔细想想，我们有没有做错？我们的错可不可以挽回？能不能调整？从客观上去分析，去化解这种不良情绪，再有效解决问题，这样不仅情绪得到管理，问题也会迎刃而解。

但我们通常犯的错是情绪上来时不是去主动调整和面对，而是逃避和否认。否认自己情绪有问题，逃避问题和责任，这样只会把情绪放大，越来越严重。

学会接受和面对，分析情绪，再去解决，这样你会发现自己情绪恢复很快，因为你知道解决方法，也知道问题所在。其实，当我们全身心投入到工作中时,真的会忘记生气和难过,一心想的只是如何把工作做好,如何拿下客户。

只有管理好自己的情绪,才能高效完成领导交代的任务,也能避免与同事间的摩擦,同时让自己很快提升。

工作要有专业态度,也要有职业素养,更要管理好自己的情绪。

在职场竞争中,一个小情绪会让你错失机会。领导只会信任有能力管理自己情绪的人,因为她们够自律;而同事也会喜欢会管理自己情绪的人,因为她们值得信赖。换作是你,也不希望某个同事因为自己心情不好,搞砸一个团队的成果,不是吗?

管理好情绪是对自己负责,更是对他人负责。

你的坏情绪带给你的负面影响,远比你的正能量影响更大。所以工作中管理好自己的情绪才是快速成长的方法,能让你在职场走得更顺,未来人生过得更好!

有些事情只要做了，就会有意义

我有一位朋友是幼师，人不仅长得漂亮，还能歌善舞，尤其喜欢跳舞。

她说自己喜欢跳舞是从念幼师专业开始的。因为她发现会跳舞的女生的姿态都很优美，但她连下个腰都困难。为此她练了整整一学期，腰才能下到一半。

后来她给我们表演了一段舞蹈，我们都很惊叹，一致认为她的腰身很软，可她说这并不算什么。她最后悔的是，以前她妈妈要送她学舞蹈，她死活不去，一送到培训班便又哭又闹。她说，如果当初学了跳舞，现在自己应该就是舞蹈老师了。

有些事，如果早知道该怎么做谁都会去做，可这世上没有后悔药，所以我们只能做好现在力所能及的事情，毕竟谁也不能预知将来会不会用得上。

很多事情我们在当下以为没有意义，而实际上在以后都可能会派上用场。

女同学几年前去学弹钢琴，当时她还是在校学生。

她用省下来的生活费去学琴，我们对此很不理解，但她觉得弹钢琴很不错，万一自己以后丢了工作，还能靠此项技能谋生。

学琴的事她没有告诉父母，怕他们不支持。她都是利用课余时间去学，同时为了赚学费还要每天做兼职。大学毕业后，因为工作原因她便没再继续弹琴，但没想到过了几年，她却成为一名钢琴演奏师。

说起她的经历，她说连自己也没想到会有今天这样的结果。她不是科班出身，但因为对钢琴确实很喜欢，所以工作后省钱买了一架二手钢琴，每日在出租房里练习，使得技艺日渐纯熟。

就在此时，公司发生人员变动，原来的领导辞职跳槽，她被分配到一个可有可无的部门，每月只能拿到基本工资，连生活费都成问题。

于是，她又跑去做兼职，选择去高档西餐厅弹钢琴。她的钢琴技艺由于平日刻苦练习，一点也不比专业的差，甚至还有人以为她就是科班出身的。餐厅老板很高兴，给她加了薪水，她一个月兼职挣的钱都比上班拿的工资高。

后来，她毅然从公司辞了职，在一家培训机构教小孩弹钢琴。

现在她的工作既自由又赚钱，每月都有几万块的收入，令很多的同学心生羡慕。

当然，并不是所有的人都有她这么幸运。但在运气来临之前，必须先做出努力。我们的每一次努力都不会是浪费，反而会成为奠定往后成功人生的一粒金子。

以上例子说明，工作再安稳，都不如多一项技能更踏实。

很多人以为进了事业单位，进了国企，这辈子就有了铁饭碗。

但我觉得，人生最好的饭碗是你自己要有本事。你可以在这样的单位里每天优哉地混日子，也可以辞职后找份待遇更好的工作。

人生有退路，才不怕有挫折。

以前我们认为工作应该专一，门门通不如一门精。但现今这个社会需要的不是技能单一的人才。比如你专业学的是会计，但同时英语也很厉害，是不是将来可以发展国际商务，再比如学英语的，如果再学教育，顺便把律师证考了，将来跳槽也会多个选择。

当然并不是鼓励大家一心二用，不专注自己的专业，而是要你明白，你做的每一件事都是有意义的。比如现在的小学生大都要上好几个兴趣班，很多人说没有用，但仔细想想，真的没有用吗？

有的小孩子三岁就可以登台献唱，五岁能看完整的英文动画片，七岁可以跟同学用流利的英语对话。这是因为有良好的基础在垫底，证明之前所做的事并非是无用功。

由此可见，作为一名二十几岁的女生，应该要有危机感。

未来，很多行业将被人工智能化代替。比如，医院有智能机器可以体检，几分钟检查出你身体的毛病，精准率高达百分之九十以上；酒店有智能服务员，一整栋酒店只有三个服务生，其他全是机器人；餐厅实现机器人服务；超市没有售货员，提供自助结账买单……

　　因为时代在变化，行业竞争愈发激烈，我们谁也无法保证自己所在的行业不会被淘汰，所以我们现在唯一能做的就是保持危机感。

　　我们为什么要保持危机感，而不是守住现有的一份工作呢？其实保持危机感目的就是为了让你赢得更好的工作。你想要职业发展更宽广，就不要只做既往不变的工作，而是学会从多角度、多方面去考虑，让工作变得更好。

　　不要觉得有些事是在做无用功。你看到别人做了个布娃娃，觉得人家是在浪费时间，却不知道一对手工布娃娃可以卖到几百上千元。你觉得自己的工作用不上英语，却不知道假如公司有机会派你去国外出差或者公司集体去国外旅游时，你再去临时抱佛脚就晚了。

　　每一件事，只要做了就会有意义。

　　其实人生最可怕的不是你一成不变，而是你不愿意提升自己，不想去改变和进取。为什么别人有安稳的工作，还要继续努力，去做一些看似不相干又毫无意义的事呢？因为她们想成就更好的自己，希望有一天工作不开心时可以随时换工作，而不是等着被裁员。

　　作为企业高管、公司老板，他们同样有危机感，同样会不停地学习，拓展新领域。比如本是经营游戏公司的看到绿色食品有市场，于是就投资了一个农场。

　　没有什么事是没有意义的，重要的是你有没有去做。

以前有个女生说，她小时候没学什么才艺，就学了吹葫芦丝。

但她大学后就再也没有碰过它，没想到工作后，有一次公司年会，要求每个部门出一个节目。她所在部门的人都说自己没有才艺。她知道这是一个表现机会，于是便报了名。

后来她在现场吹了一首《小苹果》，全场都嗨爆了，她一夜成名，连老板都知道了她。渐渐地，只要她稍微做出一点成绩，公司里的都全传开，传到大老板那里，都会不由得问一句，是那个在年会上吹《小苹果》的吗？

其实她很久没吹葫芦丝了，所以临时学了首《小苹果》，因为这个曲子最简单，而且当时歌曲也很火。她预感自己可能会被关注，却没想过会给自己的人生带来这么大的变化。

她现在已经升职了，年薪几十万，她说这都要感谢曾经的自己。

谁也不知道未来会发生什么，所以有些事提前做了，说不定什么时候就用上了。

你觉得用不上，只是因为现在用不上而已，但不代表你的将来用不上。

不要老是否定自己做过的事，就像不要笃定自己的未来一样。

我们要做的是成为更好的自己，要过上理想的生活。你做的每一件事都会被时间记住，都可能成为助你一臂之力的功臣。

我们应该感谢曾经或现在的自己，因为我们做的每一件事都是在为将来可以过得更好而努力。所以如果现在想到什么自己喜欢的事,就马上去做吧。

要明白,世界上的机会不但是给有准备的人,还是给有能力的人!如果你不知道该从什么地方去改变自己,可以选择看书,阅读自己感兴趣的东西,或者去报一门自己喜欢的课程。

总之,想要成为更优秀的自己,就别辜负了自己的青春好时光!

年轻时，谁没丢过两三次脸

有时候，为了能体面地活着，就必须先放下面子。

以前听朋友说过一个故事，有个女孩在创业期间为了拿下一笔订单，陪吃陪喝，就差陪睡了。

她接待的客户手里有个上百万元的订单，对她这种刚创业起步的公司来说，就像救世主一样。但这个客户派来谈合作的人却是个职场老油条，对于职场规则摸得很透，双方谈了整整三天，一点进展没有。对方不说签、也不说不签，可吃喝玩乐倒是一点不落下，每天到点就问，去哪儿吃饭啊？

这个女生当时很想一拍桌子走人，但她还是忍住了，因为拿下这笔订单等于公司半年的业绩。客户一直故意拖延，其实不是她们公司没有能力，而是看她是女孩，觉得好欺负，便吊着她的胃口。后来签完合同，客户还不忘调戏她，说就喜欢看她着急的样子。

为了这个客户，原本不喝酒的她每次都喝到吐。

每天回家她都要大哭一场，第二天再继续赔笑脸。

她跟朋友诉苦，为什么自己创个业，连基本的自尊都被践踏了。

是啊，成功本来就难，尤其是在没有任何背景的情况下，凡事都得靠自己。不得不承认，有时候个人能力强是没用的，我们还得学会低头、示弱、谦卑。在我们没有成为更好的人之前，要做的只有努力往上爬，只有上升到更高的层次，才会有人赏识你，尊重你！

如今，她的公司发展很好，有很多优质客户，她不用陪酒就能谈下生意。有时候签完合同，客户请她喝两杯，她总是婉拒。

仔细想想，我们曾经丢过的脸，不就是为了有一天可以这样扬眉吐气，可以结交更多高级的人士吗？

想要有一天可以变得很厉害，变成我们想要成为的样子，首先就得学会丢脸。

想想看，如果你连脸都不怕丢，那还怕什么呢？

如果你各方面都优秀，既努力又勤奋，但就因为客户或老板的一句话就撂挑子不干了，觉得丢脸或没自尊，那才是真正的可惜。

因为每个成功者不是只要吃苦耐劳就能成功，而是在成功前要受得了他人的白眼，也受得了被人拒之门外的遭遇。

曾有一个女高管也说过，自己以前为拿下一个客户，差点被他的老婆当成小三。第一次谈客户，她没有经验，不知道如何才能打动客户，但她懂得"伸手不打笑脸人"这个道理。所以有一次客户喝醉后吐了一身，她买了件新衬衣送过去，结果被客户老婆发现，大吵大闹，解释很久才平息。

她从此再也不敢这么"贴心"了，也正是那次丢脸，让她知道更多与客户过招的技巧,学会研究客户的心理,再也不用那种死板的方法去争取客户。她经过自己的努力成长很快,业绩做到全公司最好,短短几个月便升了职。

一个人的成长,需要经历无数的磕磕碰碰,职场更是如此。丢脸不算啥,重要的是现在丢过的脸,以后能拿出成绩把它赢回来!

那些体面的背后,谁不是靠着丢脸和失败一点点积累起来的?如果不是天赋异禀,不是谁都会在十几岁就考上北大清华,二十岁成为CEO,三十岁就资产过亿了。

很多女孩在二十几岁时往往容易处处碰壁。

现在大多数有职业素养的人都不会做得出格,但不可否认的是,职场竞争依然很残酷,社会依然很现实!

之前就有个女孩抱怨,自己熬通宵做的方案,被老板在会议上点名批评。

她被老板骂得很惨,偏偏客户也打电话过来说,如果中午十二点还拿不出方案,就不必再谈合作了。

她很委屈,不明白为什么没有人体谅她,这可是她熬了一晚上做出来的,就这样被轻易否定了,为什么不关心一下她熬夜一晚上,有没有很辛苦,有没有生病,反而指责她做得不好,她觉得公司没人性,客户没人性。

但当她说这些话时,却被另一个心直口快的朋友一针见血地打断,"姑娘,我要是你就赶紧去修改方案,看有没有可以挽回的机会,而不是哭着抱怨老板没人性。"

她有些傻眼,不可置信地看着朋友。

朋友接着说,"你这点委屈都受不了,还是趁早别干了,回家好好待着吧。"

我也劝她,"没错,你觉得自己被当众骂了,很丢脸,但你想想,你只是挨下骂,而你的老板损失的可是一个客户,而这个客户可能决定了你们这个月的奖金发多少。老板会生气,是因为他要对你们负责。如果他体谅你,那么多员工谁来管呢?谁又会体谅他呢?"

其实我们理解她的难堪和不安,在职场里被否定,对于二十几岁的女孩来说是一个不小的打击。都那么拼命了,为何还是得不到肯定。

越是这样想,就会越觉得委屈。

其实哪有那么多委屈呢?职场从来不相信眼泪,更不需要玻璃心。

当我们真正明白这个道理,就成长了。

没有千锤百炼的经历,哪好意思聊人生、谈理想。每个人的笃定和淡然,都是历经风雨后的平静。因为经历过,所以才不怕,才会变得豁达和淡定。

不要把每一次失败都归结为自己没用,要总结失败在哪里,哪里做得还不够好。如果有不足就继续努力,虚心学习,多钻研专业,努力成长。

在职场抱怨和流眼泪是最没有用的，一拍桌子说辞职不干不是真骨气，而是没责任感！在职场犯了错，要努力争取弥补，因为职场不是幼儿园，犯了错没解决就拍拍屁股走人，是对公司不负责，对客户不负责，更是对自己不负责！

这样一次两次之后，当你习惯如此行事，就只会变成一个毫无进取心的人，永远活在抱怨中。

有句话很受用，"人生可怕的不是有人比你优秀，而是有人比你优秀却还比你努力"。

这句话大家都听过，但从一个小透明变成优秀的人，背后要付出多少，不是每个人都能做到的。

优秀的人往往不会纠结于自己的失败，因为失败于她们只是生活中的小插曲，无关痛痒。其实，不是她们不在乎失败，而是她们有能力解决问题，她们不会选择坐以待毙，只会主动出击。

年轻就要不怕丢脸，因为我们可能会经历很多次丢脸才会成长一次。

丢了脸，才知道原来自己还不够成功；犯了错，才知道自己还不够优秀。要拿出"我年轻，所以我丢得起脸"的态度，因为没人会觉得一个二十几岁的女孩丢脸是件多么可悲的事，反而会觉得年轻真好，还有机会可以重来。如果你到了三十几岁、四十岁还在犯二十岁犯的错，那才是真正的丢脸！

成功不是一朝一夕，所以你想要的，都要靠自己去争取！

自律才会自由

你有没有发现，自己每次想来场说走就走的旅行，或者想辞职不干的时候，都会被各种理由牵绊。

想出去玩，没时间、没钱；不喜欢这份工作，想辞职却又不敢。

以前常把这个原因归结为能力不够，等以后有钱了就可以遂愿了。实际上，这跟赚多少钱没关系，而是我们不够自律。

我的一位朋友是自由职业，很多人问她在家是不是很自由？

她回答，"是。但这种自由仅是脱离公司的制度，可以自由安排工作时间而已。"

她每天在家不仅要工作，还要带孩子。有一次她帮一个厂家做包装设计，晚上九点哄完孩子睡觉后，继续加班到晚上一两点。

当然，她的收入也比许多同行业的上班族更多，但常常忙起来就一团糟。她老公让她做好计划，每天写个便签，但她仍记不住，导致很多原本可以早一点做完的事，一直拖到晚上才完成。

人因为不够自律，生活才会被困住。

自律是一种习惯，即学会管理自己的生活。

比如很多人天天喊着要减肥，结果过了一年又一年，不见点行动。这种人需扪心自问，真的忙到连运动的时间都没有吗？

其实做不到的原因说白了，就是自律不够。

自律的人很少会手忙脚乱，她们会把工作、生活安排得井井有条，细致到每个时间段该做什么都安排妥当。她们因为自律，所以不慌乱，可以随时来场说走就走的旅行，也可以想辞职就辞职。

去旅行，她们有足够的金钱和时间，不必牵扯工作和生活；选择辞职，她们有更好的打算，并提前做好准备，不担心失业找不到工作。

朋友圈有个女孩的生活方式让我很欣赏，虽然她很忙，却很自律。

她身兼多职，开公司，当大学老师，开公众号写文章。她比很多人都忙，但她比很多人都活得轻松。

从她的朋友圈可以看到，她每天晚上十点上床睡觉，早上六点起床，每周坚持健身，每个月会有一次轻断食，放假带父母、孩子旅行，也会经常出差满世界地跑，可她总能把生活安排得有条不紊。

她坚持定期健身打卡，就算生完孩子也一直保持着轻盈的体态。自己开公司同时兼职大学代课老师，却能做到每天十点睡觉。

光是早睡，相信对很多人而言就不太可能。我们可能会逼自己早睡，但实际上就算提早上床我们也会看手机刷屏到十二点才睡。

有人或许会说，朋友圈都是在作秀。

但我想说，一个人的朋友圈能长年如此精致，未必都是假的，可见是自律的体现。

我曾在网上看到一个段子。

一个女生回家写方案，刚打开电脑，发现时间还早，就点开朋友圈看了看，随后又在群里跟朋友聊得火热，等她想起写方案时，天都黑了。一看时间，该吃饭了，于是又打开手机，把几家外卖的折扣和优惠进行比较，终于下完单。饭后又忍不住看剧。

等看完剧，快睡觉了，又熬了半个小时才把方案写完，此时已经筋疲力尽了。

其实，大家都看出来了，本来可以轻松干完的事，却拖到最后才做。如果我们自律一点，严格要求自己提早做事，相信也不会拖拉到最后才匆忙地赶工。

所以自律真的太重要了。它不仅影响我们的工作，还影响我们升职，影响我们的未来。

一个不自律的人，只会把梦想和目标挂在嘴边。比如，今年要减掉二十斤，一晃过年了，不仅没瘦还胖了；今年存款要过五位数，看到一件漂亮的裙子没忍住，买了，年底存款刚好差那两千。

自律是为让我们变得更好，养成更好的习惯。

以前认识一个作者，高中时期开始写作。每天坚持写一万字，风雨无阻。一开始她写网文，高考前两天还在坚持写稿。很多人怕她会考不好，但她依然考上了师范大学中文系。

她写作十几年，如今已经是小有名气的作家，小说被改编成网剧、漫画，但她依旧笔耕不辍。

越自律的人，越容易成功，越容易得到自己想要的。

以前跟她一起写稿的很多人因为上了大学就将此爱好荒废了，有的是大学毕业后因为工作没时间再写就放弃了，只有她坚持写作，十年如一日。

其实自律就是一种习惯，要逼一逼自己才行。

如果你觉得自律很难，那就试试先坚持三天，然后再坚持一个礼拜，再坚持一个月。有个原理是，任何事情只要坚持一个月以上，就会成为习惯。

自律有很多好处。比如，你再也不用把头像改成"不瘦十斤不换头像"，再也不用担心自己总存不下钱。

二十几岁的女孩爱买衣服、化妆品很正常，但不要把过多无用的东西买回家。你可以给自己定一条规矩，每个月买三件衣服，超过的话，下个月就减量。

实际上，当你真正做到自律后，你会发现生活真的会变得很不一样。

比如买衣服，以前你看上什么就买，从不计算花多少钱，但定了制度后，你不能随便乱买，便可以省下钱来，也会懂得挑选有品位、有质感的衣服。这样，不仅钱省下来了，衣品也提升了，何乐而不为。

再比如，你想学英语，想借业余时间提升自己。那么就每天坚持背一个单词，三十天也有三十个，不用半年都能跟老外轻松交流了。

自律很难，所以才要坚持。

仔细想想有句话是对的，你连身材都管理不好，怎么来管理公司，管理好自己的人生呢？

一个人做事的方法、习惯都决定她未来的人生会变成什么样。我们总是高喊要活成自己理想的模样，但却从来没有想过，自己怎么才能做到。

减过肥的人都知道，第一次跳操后隔天起床全身都疼，但坚持一个礼拜后，身上就再无疼痛感，做起动作也更轻而易举。

自己会习惯，身体也会习惯。

想要养生的人，最好的方法是早睡早起，晚上九点睡觉，第二天早上五点起床。不要怀疑自己起不起得来，早睡比晚睡更容易让身体得到休息，早上五点起床也完全不会有疲惫感。

习惯其实一点都不难，重要的是开始坚持的那几天，这也是为什么自律的人很少。

自律的人都很自由，因为她们没有牵绊，也没有担忧，正是自律才能妥善安排生活，不浪费每一天的时间。

我发现，凡是自律的人都更成功，也更优秀。

当然，只要做到了自律，想不变优秀都很难。

财富，使人上进

有件事情必须承认，钱于我们是很重要的。

二十几岁时的我不敢如此张狂地说自己爱钱，但如今，越来越多的90后们却通透地知道这一点，所以她们努力又上进。

我考驾照时认识一个1994年出生的师妹。她开了一家服装店生意很忙，几乎难得来练车。

有一回碰上面，我们谈到房价时，她说自己也准备买房，不知道买哪里的好。

我们建议，"有钱可以买南边，那边发展好。"

她点头同意，"那边是好，但价格有点贵，我店里最近拿了一批货，早半年倒是可以买。"

有人不以为然，"钱不够可以向父母借啊。"

但她却说，"我父母都是小县城的工人，两人总共也就三四千块的退休金，我怎么好意思。"

说完这话我们才得知，原来她开店和买房的钱，都是她自己赚的，拿到驾照她还准备买车，并且已经看好一辆二十万的车。

在对她表示佩服的同时又不得不感叹，现在的90后女生其实都很聪明，因为她们深信，钱只有自己赚的，才有安全感。

财富可以让人有成就感，证明你的存在价值。

曾有一个女生说，自己之所以如此拼命地加班，就是因为公司老板许诺，拿下这个项目就带他们去欧洲玩一圈，而且年底红包五位数。为了这个目标，她经常加班、熬夜。

但她说自己很开心，因为拿到奖金，她一年的房贷就够了，还可以买看上很久的包包，以及漂亮的项链，这是她唯一可以犒劳自己的方式。

当然，最重要的是这次他们要拿下的项目是全球五百强企业的大单，如果真的成了，她以后在业内就更有底气，这次的经验也足以让她有勇气跳槽到更高的平台。

不可否认，这是事实。你能力有多大，赚到的钱就有多少，在职场的资历就有多高。

二十几岁的女孩，该不该为钱而努力奋斗呢？当然应该。

赚钱跟能力是挂钩的，没有能力何谈赚钱。你想赚到更多的钱，就需要不断进取，不断突破自我。

能力让你变优秀，而财富不过是付出的回报罢了。

表妹有个同学的成绩很好，但在考研时放弃了。

表妹学的是生物，考研读博是最好的出路。但这个女生却在全宿舍的人备战考试时，默默地投简历，找面试攻略。

表妹说，当时她们都不知道为什么她会放弃，她也什么都不肯说，到后来才知道，原来是因为家里供不起。最后她找到一份销售的工作，跟专业完全不对口。表妹问她为什么找这样的工作。

她同学说了段让她一生难忘的话："我也知道不对口，但我看了我们专业的实习工资，一个月包吃住才三千块，我不知道什么时候才能还完我的助学贷款。现在我才明白，书真的是有钱人家的孩子读的，不是我们这种穷孩子读的。销售工作虽然苦一点，但上升空间大，提成高，只要肯努力，赚的钱一点也不少。"

表妹说，以前从来没觉得自己缺过钱，虽然不算大富人家，但也没到上不起学的地步。直到那一刻才知道，原来钱真的很重要。

表妹的父亲在一场意外中不幸身亡，获得一笔赔偿金。这笔钱成为她从小到大的学费和生活费。但她知道，那是父亲用命换来的，她没资格用，但她又不得不用，不然她就念不完大学，也没办法找份好工作赚钱赡养母亲。

后来表妹也没考研，而是去了北京工作。一开始工资只有几千块，但她说，自己一定会赚到更多的钱。

有怎样的压力，便会有怎样的动力。如果觉得钱不重要，那是因为没有经历缺钱的日子。

如果条件允许，趁着年轻就多赚钱吧。

只有这样，你才有底气对男朋友说，口红、包包我自己买，你给我爱情就好；只有这样，你跟朋友交际结账时才不会难堪。

你也可以把这个作为赚钱的动力和目标，为自己将来可以不用过讨价还价的生活而拼尽全力。其实人之所以要把钱放在重要位置，是因为它决定了我们的生活品质，决定了我们坐飞机是头等舱还是经济舱，也决定了我们穿的是真名牌还是假名牌。

财富其实是一种身份的象征，决定着你的社会地位。

听过不少二十几岁的姑娘说为什么要努力赚钱，就是因为想任性地过自己想要的生活。

喜欢的东西太贵，不赚钱买不起；想去的地方太多，不赚钱去不了。

那么，还有什么理由不赚钱呢？

其实会努力赚钱的女生往往只有两种：一种是不想再穷的；一种是想过得更好。最怕是又穷又不想努力去改变的你，未来的你一定会恨死现在的自己。

还记得之前那篇扎心的新闻报道吗？南昌的一位家境穷苦的妇女带着儿子乘地铁，弄丢五块钱的车票后，不顾周围人的眼光大声责骂儿子败家。

很多人同情这位妈妈，但不能认同她的教育方式。再穷也不能责骂孩子，完全不是一位好母亲的做法。

但是，我能理解。

小时候父母一个月一共也赚不到一千块钱，母亲的做法更离谱，我弄丢一个饭盒，打碎一个玻璃瓶子，都会被她责骂。那时候很害怕被骂，也知道家里条件差，一桌一椅都来得不容易。

长大后再与母亲讨论起这事，她十分后悔。她说，"当初年轻时没有觉悟，完全不像你们现在，知道年轻要多赚钱。我们那时候啥也不懂，甚至想着穷就穷吧，怎样还不是过一辈子呢！"

越是有这种穷的心态，就越穷得心安理得。

母亲不去赚钱，是因为她以为自己没有能力，觉得自己赚不到。她的眼界、见识，都很狭窄。她也说起过如果年轻时狠心一下，跟同事一起去深圳，现在也不至于过成这样。

其实，终归是自己没有进取心罢了。

如果想赚钱，有这份心思，谁能拦得住？当然，这话我不能说，他们那个年代的人，穷怕了，也穷习惯了，自然有许多不容易。

财富可以拓展人的眼界，看到越多就越觉得自己不够好，便越想努力成为优秀的人，获得更多精彩的经历，从而丰富自己的人生。

财富可以慢慢积累，但也有人二十几岁身家过亿。人与人从财富上就已拉出一大段距离。如果你够努力，你也可以！

我之所以会努力赚钱，是因为财富能改变人的眼界，也能决定我能不能任性地生活，希望你的未来也可以！

独立而又自信的女孩，都很美

我所在的一个微信群里的群主自称掌门，跟她东北女汉子的形象正好相符。今年三十一岁，离婚带着孩子自己过。

她给人的印象是，独立，自信，大气。

但曾经的她却与如今的形象大不相同。

她二十五岁结婚，随后便有了孩子，跟她老公相亲认识，没有感情基础，日子得过且过。

由于婆家是本地人，家境优越，而她是外地媳妇，条件稍差，于是她在婆家便低人一等。刚生完孩子，她便决定出去找工作。当时，老公不愿买奶粉，理由是，孩子不应该这么早断奶。

可是，孩子不喂奶粉，她怎么上班呢？老公一个月给的家用，精打细算，不肯多一分。

她不是个喜欢在家里抱怨的人，于是找了份房地产销售的工作，风雨无阻地在外奔波。孩子小，婆婆带着，但她为给孩子赚奶粉钱，每天起早贪黑，几乎没有任何休息时间。

然而，此时老公却背叛了她。

她哭过、闹过，甚至想一死了之，但想到孩子，她又坚强了起来。她提出离婚，条件是只要孩子的抚养权。

婆家不答应，说她一个女人带孩子只会让孩子受苦。她坚持，宁可净身出户，虽然连打官司的钱都拿不出，但她是一个母亲。

后来，孩子抚养权争到了，她带着孩子回老家，一切重新开始。

她说，自己那几年活得太惨了，生完孩子后身体发福，还不爱打扮，衣服都挑最便宜的买，二十几岁的人，看起来像四十岁的大妈，如今回想起来都不忍直视。

想到当初，明知对方外遇却哀求对方不要离婚，只因怕争不到孩子的抚养权。她卑微、懦弱、不自信，在婆家一点底气都没有，尽管她每天忙里忙外，却依旧被嫌弃。

不过还好，如今的她才三十六，就有房有车还有存款，底气十足，越活越漂亮。

世界上漂亮的女性很多，独立而又自信的女性更难得可贵。

以前上学时看到漂亮的女生走路昂首挺胸的样子，觉得她们自信极了。

再大一些，却发现漂亮女生大多骄横，她们因老天赐予的美貌而享受他人的仰慕，并从此觉得自己高人一等。

于是，她们把心思全花在如何让自己变得更美上，却忽视了学习。

多年以后再见她们，觉得她们有点做作。可能是为了保持当年的风姿，却又无奈岁月蹉跎，只好靠化妆品厚厚的抹在脸上，以遮掩岁月的痕迹，却骗不过别人的眼睛。

反而是当年长得并不那么出众的女生，因她们把心思放在学习上，后来变得越来越好看。她们靠事业让自己春风得意，靠才华点缀人生，靠学识阅历抚平皱纹。

美貌无法持久，但有些东西却越久越有价值，比如独立和自信。

自信是女人浑身上下散发的魅力，是在人群里脱颖而出的神采奕奕，也是脸上丰富饱满的人生阅历。当然，她们大多生活条件优越，讲究生活品质。

无论是跟谁在一起交谈，她们都是一副不卑不亢的风骨。她们学识渊博，阅历丰富，会保养、懂生活，呈现给人一种内心的笃定和坦然。

那么究竟什么才能给一个女人自信？是名牌包，还是银行里的存款？

我想，这些都是。自己买的名牌包背着是自信，银行里的存款数字能给自己想要的生活也是自信。

而在职场或家庭里，会为一点小事争执不休的人，大多是不自信的。

以前，我也有过相似经历。比如，别人丢了东西，害怕自己被怀疑；别人开玩笑，总觉得是在取笑自己；被人夸奖时不敢张扬，表现出一副谦卑的姿态。

因为不自信，所以生活处处小心。

后来看到一个女生，她经常在朋友圈晒自己的包包、衣服、工作。

有人评论：我月入两万都不敢像你这样晒。

她怒怼回去：你月入两万晒不晒是你的自由，虽然我月薪八千，但我不偷不抢晒自己的劳动所得凭什么不行？

这个女生的做法让我想给她点赞。

是啊，无论我们背多少钱的包包，买地摊货还是专柜款，都是自己劳动所得，这便是自信啊！

就像文章开头提到的掌门因为自己能赚钱，说起过往的经历，可以一笑了之，甚至调侃前夫和自己，这也是自信。

自信是生活的底气，不担心逛奢侈品店时被柜员嘲笑买不起；老公出轨后不用委曲求全，不害怕离婚后养不活自己。

之前网上被00后们用贵妇护肤品刷屏时，很多网友被震惊，直呼自己太失败。

其实，一个人的好看与否，并不是贵妇护肤品可以决定的。

不少人以名模米兰达·可儿为例，写了励志的文章。

我认为人们喜欢和羡慕她并不完全因为她长得好看，更多的是因为她离婚后再嫁帅气富商，以及自己带娃创业，活成人生赢家的底气吧。

自信的女人脸上都有光芒，她们走在街上的姿势和风度就是一道亮丽的风景；甚至她们静静地坐在那里，也能展示优雅气质，呈现给人们一种精致如花般的美。

所以,趁着年轻,好好积累这种自信。美貌会贬值,唯有自信不会打折。

二十几岁的女孩该有的高级

刚工作时,曾拜访过一个客户。

她是个三十几岁的女人,独立经营公司,头发打理得整整齐齐,化着淡妆,气质很好。给我的第一印象是,我与她有距离感。

那时的我刚毕业,因为没什么钱,衣着打扮随意,穿来穿去就是黑色职业装,妆也是自己随便化的。总之,就是不讲究。

所以对比之下,自己有些尴尬,就好像一个自以为是美女的人,遇到了真正的绝色佳人,便意识到相形见绌。

办完正事,她请我和另一个同事吃饭。

席间,我们聊到化妆。同事比我开朗,完全放开了聊,她问,"姐,我觉得你妆化得真好看,能教教我吗?"

客户也没架子,见我们俩没什么见识,便开始介绍哪个牌子的化妆品好用,哪个护肤品值得买。聊完后,她又补充了一句,"其实你们现在年轻,素颜反而更好看,所以不如把时间花在更有意义的事情上。"

我们听出她话里的意思,岔开话题,聊了别的。

时隔几年,我才真正明白她的意思。女人有一种天然的财富,是脸上本来就有的,叫作高级感。

高级感最近这两年才流行,但很多人却并不是这两年才拥有这种气质。

从小母亲就说我会看人脸色,长大后朋友也说我看人很准。

其实我只是喜欢观察人的表情而已。她们说话的时候,我喜欢观察,看她会有什么表情,听到某件事后会做出怎样的反应。以前只是纯粹为了了解这个人,但后来接触的人多了,便发现人与人之间的区别。

有一种女生,从细节上就能看出她们的高级。

她们大多家境不错,自身也勤奋努力,谈吐优雅,待人真诚。她们不会随意发脾气,与人聊天时都是看着对方的眼睛,也不随便打断别人说话,回答时轻声细语。

跟她们相处有一种特别舒服的自在感。她们自信、亲和、不骄不躁,有种来自内心深处的真诚与底气。

我相信这个世界上没有完美的人,但一定有比我们更好的人,她们的高级不是刻意或做作,而是在成长中自然形成。

拥有高级感的人,往往都有一份淡然而又平和的气质。

网上有人说过这样的话,"那些说女人过了三十岁就不值钱的人,往往二十岁也不值钱。"事实证明,三十岁以后的女人,该美丽的依然美丽,该优雅的依然优雅,而该不值钱的依然不值钱。

所以,拥有高级感的女人,一定是二十岁时就已经开始显现出来的。

我曾经有个同事就活得很高级。严格来讲,她并不算美女,脸上有雀斑,丹凤眼,看起来不算撩人。但她气质很好,所以追求者不断。

每天上班她都会穿不同的衣服,化着淡妆,背着与衣服搭配的包,因为个子不高,所以每天都穿高跟鞋。她讲话轻声细语,无论对方生气,还是大声讲话,她都会看着对方的眼睛,认真听完。

很多自身拥有独立和高级感的女性是不自知的,通常都是别人给她们贴的标签。

她们的理性、感性、知性,都表现得极为正常,不会觉得这是一件多骄傲或与众不同的事。知乎上曾有独立女性接受采访的话题,其中有人说道,被贴上这个独立的标签后才意识到,原来自己是一名独立女性。

作为旁观者,我更喜欢女生拥有独立的同时还有平和感。她们不会把自己的能力当成了不起的事,从而高人一等。她们只会把自己的能力化成驱动力,也变成责任,一边前行,一边照顾他人。

女性之所以被贴上独立的标签,大多是由于她们不再依附男人,同时也有能力与男人在这个社会上竞争,并驾齐驱。

独立的女性很少焦虑自己的人生,觉得自己知识不够用就去充电,觉得自己阅历少就多去看世界。她们懂得审视自己,清楚自己在这个社会上的定位是什么,自己有什么样的能力可以做到什么样的地步。

给自己的人生定位,本身就很了不起。

活得高级的女人，也有独立的特性。

面对爱情，她们理性多过感性，不会为男人的不忠诚而反复折磨自己，也不会因为分手而怨恨对方，更不会纠缠，让彼此都难过。因为理性，所以懂得放手，也懂得自我解脱。

理性是女人高级的一种，因为理性才不会容易受挫，更不会因此把一手好牌打烂。女人在爱情中保持理性，是为了保护自己，也是为了放过他人，不失去自我，才不会纠缠到底。

职场中的高级，是一种姿态与气场。她们不会迎合他人，有风骨。她们从不关心别人如何看待自己，也不在乎他人的目光，她们活得笃定、坦然、不比较也不计较。三分长相，七分气场，高级不失美感，却又美得与众不同。

职场里不缺美女，也不缺女强人。但有一些女性，恰好不争不抢，也不怕被超越，她们站在那里，就不容忽视，这是气场，更是能力。

活得高级的人，底气都不差。

任何华丽的外表都需要有趣的灵魂来支撑。

美貌不足以证明一个人拥有高级感，但内涵和修养却可以。高级是内外兼修，长得好看是锦上添花，长相普通也能气质出众。高级感带给人的感觉就是舒服。

二十岁的女孩不会拥有三十岁的高级，因为还无法驾驭成熟的韵味。

电视剧《我的前半生》里最圈粉的唐晶就是拥有高级感的女生。

她三十岁，气质突出，内心笃定，任何场合都能坦然面对。有底气，自然有把握。尽管她内心的爱是卑微的，但她的气场和资历是货真价实的。她敢爱，也敢不爱，有勇气拒绝，也有勇气表白。

一个拥有高级感的女性，无时无刻不在散发光芒。

比起很多二十岁刻意营造和打扮精致，甚至有点过头的女孩，一件深灰色的大衣就能打败所有艳丽的裙装，眼神里透出的自信能秒杀所有靠假睫毛来堆砌的自信。

优秀的人才会把这种高级感演绎得更加动人。

我不是推崇二十几岁的女孩一定去走一条完全不适合自己的道路。而是希望每个二十几岁的女孩都能在三十岁时可以拥有自由和自信。

你可以不成为一个高级的人，但一定不要朝着低级滑下去。明明可以在工作上更突出，但为了不值得付出的爱情，为了贪图一时玩乐而放弃，这就不值得。

为什么现代社会人们越来越喜欢独立女性？不是因为她们能自己赚钱，不靠男人养，而是她们的精神、思想、境界都大大超越传统女性，她们有独立的思想，清楚自己在这个复杂的世界里应该扮演什么角色。

知乎上有人说，"独立的女性是学会在保持自身与外界的连接不间断的同时，建立起与自己的连接，一旦完成，便能够在纷繁复杂的世界中倾听内心，也能用简单而有效、快捷而有力的方式去做此生最重要的事。"

换句话说，就是一个女人，如果能够做到让自己无论在什么情况下，都能保持一份内心的纯真，无论在怎样的困难中，都能够找到解决的途径，她就是知道自己想要什么的女人，能够活出自己喜欢的模样。

所以知道自己要什么，并努力去完成和实现，这样的女人才是真正的高级，而二十几岁的女孩正是应该拥有这种能力的时候。

第三章

请别轻易浪费二十几岁的好时光

　　如果你此刻正值二十几岁的大好时光，却选择熬夜追剧，沉迷游戏，虚度时光，那么再过十年，当你回首时，一定会后悔当初没有好好努力，目标明确地朝着想要的生活奔跑。但为时已晚，时光无法倒回，让你重新来过一次！

当你放弃后，别人都成功了

最近有个女孩在群里抱怨，曾经和她一起合伙开店的朋友刚全款买了房，而她因中途撤伙，现在还只是个工薪族。

她后悔死了。

当初她们一起创业的时候，是她先放弃的，因为觉得上班更轻松，更有前途。结果三年过去了，她的工资从五千变成八千，朋友的店却从以前盈利三千变成现在的五万。

她说，自己当时嫌创业苦，受不了那份罪，觉得看不到希望，所以才放弃的。真没想到，后来朋友竟然可以把店做得那么好，还开了分店。

她们开的是甜品店，刚开始生意不太好，但却要起早贪黑，从早上八点到店里，一直到晚上十一点关门，每天如此。她觉得日子好累好辛苦，完全是在浪费自己的青春和生命，最后实在撑不下去，便选择回公司上班。

她朋友没挽留，也没抱怨，只是借了钱把合伙投资的本金还给她，然后一个人继续苦撑着。

女孩回公司上班后，觉得自己的选择太正确了。公司每周双休，节假日可以到处去玩。但她朋友依然没有节假日，依然要起早贪黑地干活。

一开始她还觉得内疚，但后来别人劝她，这是她朋友自己选的路，如果她觉得撑不下去会自己放弃的。

于是，她心安理得地去玩了。

三年后，她已经去过很多地方，还经常在朋友圈里晒自己的旅游照。

而她的朋友，很少发朋友圈，但却默默地买了套房。女孩很郁闷，并不是嫉妒朋友，只是怪自己，她再坚持半年，就会发现生意在慢慢好转。

可惜在离成功只有一步之遥时，她放弃了。

还有一个朋友，在一家淘宝店工作。

当初她去上班时发现，这家店总共就老板和老板娘两个人。她是唯一的员工，本来不想干，但想想现在工作不好找，于是便坚持下来。

她一干就是两年。后来店铺慢慢扩大，老板招了新员工，公司也从居民楼搬到办公室里。而她成了店里的一把手，老板许诺，将来再开一家店铺，给她股份。

她满心欢喜。此时还有另一个女雇员，比她晚上班两个月，也同样干了两三年，所以她们的待遇是一样的。

但没想到，那一年刚好遇到一些危机，淘宝规则大变，不少卖家关店，转战微商。利润变得越来越少，老板整天唉声叹气。

她的心摇摆不定，开始担忧前途。看来，再开店是不太可能了，她的工资已经降了好几千了，她深感不安。

于是，她选择了辞职。很快又换了工作，待遇比之前高不少，她觉得自己选对了。新公司的制度更严，少了一些人情味，但她认为公司越讲规矩，才能成长越快。

但她错了，对于新公司的一切她都不适应，她原来的那套工作方法在这里根本行不通。

她又辞了职，正准备投简历时，发现有家新公司的名字有点眼熟。一查才发现，原来竟是前公司老板注册的。

原来的公司熬过了寒冬，业绩恢复，老板也兑现承诺开了新店，也给了留下来的那个女员工股份。据说那个女员工自己又投了些钱，相当于占了近一半的股份。

她后悔得捶胸顿足，可也不好意思再回老东家了。

以前读书的时候，我们总是想什么时候才可以考好成绩。工作后，我们又想什么时候可以升职加薪。

但我们越是渴望快点得到想要的，就越容易自乱阵脚。越容易放弃的人，越难得到自己想要的结果。

当我们放弃后，很多人都成功了。也许我们再坚持一下，就可以到达彼岸，却总是在船靠岸的前一刻选择了放弃。

这大概也是这个世界上成功的人很少，失败的人却很多的原因吧。

这两个女孩都说，早知道就不放弃了，早知道就再坚持一下了。

但世界上的事哪有那么多早知道，如果早知道的话，都可以去买彩票了。其实我们不是没有成功的能力，而是没有成功的耐心。就像那句话说的，成功其实很简单，就是当你坚持不住的时候，再坚持一下。

很多时候我们坚持了很久，却坚持不了最后那一下。因为压死骆驼的，往往就是最后的那一根稻草。

所以二十几岁的时候，我们真的应该静下心来想清楚自己想要的生活，想买的衣服、包包、化妆品，再想想现在的房价、物价，大概就会多坚持一下。

不过，就算真的错过了一次成功的机会也没什么好后悔的，毕竟那一次失误未必就注定是一辈子的失败。

与其后悔和难过，不如现在努力拼命追上。

机遇都是留给有准备的人，成功也是因为一个人准备够充足，付出的努力足够多才会实现。所以成功并不是因为我们的放弃别人才会成功，而是因为别人付出了努力，得到了应得的回报而已。

与其纠结该不该坚持做这一件事，倒不如思考要不要去努力做一件事。

如果没有创业的才能，坚持只会赔得更多，不如及时止损；如果在工作中没有起色，公司快倒闭了，还不给自己谋出路，坚持只会让自己连房租都付不起。

抛开一切顾虑，去做自己认为对的事，坚持把一件事做到极致，距离成功也就不远了。

有的人失败后总会给自己找各种理由开脱。比如，说自己没别人聪明，没别人优秀，起点没别人高，家世没别人好，等等。

如果把这些借口化为动力，结果会不会不一样呢？

有时候不得不承认，抱怨和后悔是世界上最没用的两件事。它不仅耗费你的精力，还可能因此会让你退缩、害怕、担忧。它不能带给我们任何好处，却让我们学会一套为自己开脱的本领。

前面提到的两个女孩，故事还没完。

那个听到朋友全款买房的女孩，很快跳槽找了新的工作，并给自己报了英语培训班，这是以前一直想做却又一直拖着没做的事。

她从后悔中走出来不过两三天时间，很快就做出了改变自己、改变现状的决定。

而另一个女孩却选择退出职场，嫁人生子。她当时说的是与其那么拼命工作，不如找个依靠。所以她也很快实现愿望，嫁了个条件殷实的老公，只是日子却过得并不如意。

提到现状，她略带无奈，这辈子就这样吧，反正自己工作也不顺，经不起再失败一次了。

可能我们很多时候在纠结要不要再坚持一下，成功或许就不远了。但我们也可以试着再努力改变一次，或许下一个成功的就会是我们。

不必过于强求，但也不能懈怠，只要在机会来临时做好准备，心想事成并非不可能。

十年磨一剑，真正有才能的人从不计较一时的得失，耐得住寂寞，也沉得住气，相信自己终有一天会爆发，也会得到属于自己的一切。

生活不会忘记我们的努力，它只会在适当的时候给出回馈。所以，我们在此前的大半生都应该不计得失，不浪费时光地认真活着！

格局，决定你的气质

说到格局，很多人都觉得中国女人普遍比男人格局小。

但我想说未必如此。

我的先生有个关系不错的朋友，总向他抱怨自己生活里的两个女人没眼光，格局小。这两个女人一个是他老婆，一个是他妈。

事情是这样的，两年前他想包地种枸杞，但资金不够，找家里支持。他妈妈一开始是支持的，但后来一听需要的钱超出预期，就坚决不给了。孰料，那年种枸杞的人都赚翻了，他妈后悔不已。

他向我们感叹，都是他妈没眼光，才让他错失赚钱机会。

这一次，同样是想开店，他让在珠宝店上班的老婆辞职回家帮他，但他老婆死活不答应。于是，他又开始抱怨，说他老婆不支持他，一个月赚几千块钱不如回家跟他一起开店，等等。

听完后我翻着白眼对先生说，谁说我们女人都眼光短浅没格局的。如果一个女人不信任你，你怎么不在自己身上找找原因呢？

先生肯定我说的没错。因为这个朋友除了刚毕业时，凭自己的能力赚了套房以外，这几年一直情绪低落，工作也不上进，难怪连自己母亲都不支持他。何况他这次开店，一开口就投资十几万。他老婆虽然工资不高，但好在一年有几万块收入，比起辞职回家跟他开店，这份工作更有保障。如果他开店走上正轨再辞职帮忙，显然更合理一些，何况他们还有孩子。

有格局的女人是什么样的呢？

去年我闺密的老公放弃工作了快十年的行业，跑去跟一帮富二代创业。

事后闺密老公告诉我们，当时除了闺密支持他以外，连他爸都不支持，甚至问他是不是跑去做传销了。

对于这件事，她老公一直对她心存感激，甚至觉得自己何德何能才娶到这样的妻子。

而闺密却从来没对我们提起过多细节，只说她老公创业，要换城市、换行业。这对于一个在自己熟悉领域做了近十年的人来说，本身是需要勇气的。

她老公告诉我们，决定辞职创业前，是闺密的一番话才真正让他下定决心。

她说："你想去就去，家里有我撑着，如果我撑不住了，咱再想办法。"

当时他也不确定她真会撑下来，但事实上，去年一年他没有往家里拿过一分钱，孩子的奶粉、家里的生活费、养车费，加上一个爱花钱买东西的老妈，钱全部由老婆一人承担。

闺密老公也不是没赚到钱，但全都花在打点客户和扩大公司规模上了。

听到这事，我先生也感叹，你闺密确实是个大气的女人啊。

以前说成功男人背后都有个默默付出的女人的时候，不仅男人会反驳，甚至女人也会嗤之以鼻。但不得不承认，一个好的婚姻背后，女人的通情达理和眼界非常重要。

我的这位闺密，不仅在婚姻中很通情达理，为人处世和工作中也同样如此。

结婚前，她的格局就显示出来了。

她对朋友大方，并且不计较得失。

很多人找她借钱，只要她有都会借，虽然她赚的也不多，但她却是能帮就帮。尽管有很多钱她借出去没有收回来，却从未让她怅然若失过。

她看得明白，只要借钱的数额在自己能承受的范围内，朋友一时有困难，也应该伸出援手，钱借出去就不用想着收回来。

正因如此为人，她的朋友很多，当她支持老公创业，在朋友圈发信息求帮忙时，众多朋友纷纷帮忙转发，提供了很多有用的信息。

我想，这也正是为什么女人越来越能在这个社会与男人并肩同行，甚至超过男人的原因了。回想当初，宋代才女李清照举报自己的丈夫贪污腐败，不仅没人说她有见识，反而指责她大义灭亲，而她自己也被牵连入狱。

我自认为，不是女人没有格局，而是有格局的女人以前被时代埋没，如今又被说成太过女权。所以有格局的女人也从此学会收敛，不辩解、不理会，避开锋芒。

正是这种格局，才决定一个女人的气质。

那些坦然对待生活的人，就算到了六十岁脸上依然有光彩。她们让人如沐春风、随和亲切，并不会因为岁月留下痕迹而惆怅，更多表现出来的是智慧与才华的沉淀。再看那些总计较得失的人，她们六十岁的时候一定会比同龄人更显老，先不说气质，光是满脸的怨气就已输了。

好脾气，也是一种格局。因为在这种温和的背后，需要一颗强大的心脏支撑。

就像有人说喜剧演员贾玲，不管对谁都是乐呵呵的，在复杂的娱乐圈里备受好评。相信女明星喜欢她不会都是因为她胖抢不了自己风头，更多的应该是她的宽厚与真诚吧。

曾无意间看到闺密T跟同事对接工作的聊天记录，才知道她之所以有今天的成就，跟她的格局有很大关系。

当天她休息，公司同事却在网上急找她。她耐心地回复，我看了一眼，发现对方正气急败坏、语气不善地质问，最后甚至直接说自己不管了，让T自己搞定。

看到这里，我便问T，她怎么这样说啊？

T不以为意，"我对接工作就好，在意那么多干吗。"

虽是小事,却看出一个人的格局大小。我曾看过有因为一句话两人在网上大吵的,结果最后耽误了工作,得不偿失。

生活中,把时间大把浪费在这些小事情上的人并不少。相比之下,闺密T的做法不仅是大气,更是顾全大局,思虑周全。因为她很清楚,在那种情况下应当先解决问题,而不是去计较对方的态度和语气。

一般有慧根的女生,二十岁已经有这种格局。

别人玩乐的时候,她们埋头读书,因为相信读书不仅会改变命运,还会改变人的气质;别人谈恋爱的时候,她们拼命工作,因为相信工作会给予自己想要的生活。

她们不一定天生聪明过人,但她们有思想、有远见。所以她们不是单凭别人一句"女人要独立"就铆足劲地工作,把自己拼成大龄青年。

她们只会因为喜欢才去做。有格局的女人之所以能活成自己喜欢的样子,是因为她们会付出行动,一直努力到真正过上想要的生活。

有格局的人很少去跟别人比较,她们只会跟自己比较。因为跟别人比会活得很累,只有跟自己比,才会进步得更快。

二十岁的女孩其实不必想太多。

只需有一颗宽容的心,有一双智慧的眼睛,在这个世界里清醒地活着。

不要为每一次的成败而计较得失，也不要因为别人过得比自己好而羡慕嫉妒。学会经营好自己的人生，去做想做的事，这才是人生最大的财富。

也许你暂时得不到太多的回馈，但并不是生活遗忘了你，只是上帝在给你准备惊喜。当然，如果你是有格局的女人，更不会因为生活忘记对你回馈，便放弃一直以来的坚持和原则。

人生最怕患得患失，所以要做有格局的女人，不要再被生活中的得失所影响！

别让你的年轻，只是年轻

前不久听到一个HR（Human Resource人力资源）发出感叹，"现在的年轻人，最大的优势大概就只是年轻吧。"

上个月这位HR面试一位95后女孩，这个女孩大学刚毕业，学的是电子商务专业。

她说，这个女孩刚来面试的时候，还没开始介绍自己，张口就问，"来你们公司能拿到多少钱，上班会安排什么职位？我听说做电商都要上夜班，我可不可以不上啊？"

当时她的脸色一下就不好了，客气地请女孩回去等通知。

结果没过两天，女孩打电话到公司，一开口就质问，你们公司怎么不讲信用，不是说好过两天回话吗，怎么都三天了还没音讯？

接电话的同事也不是好脾气，直接说了句，"姑娘，你当公司是你家开的呢？全世界的人都得优先照顾着你？"

这话回得虽然有点过分，但很解气。

因为这个女孩态度傲慢，完全没礼貌可言，怼回去也是应当的。

不过没想到，过了几天就有同事在网上看到这个女孩发帖吐槽他们公司，说信誉不好，态度差，歧视毕业生，等等。

总之，整个帖子的内容全都是博同情，顺便黑公司，却没有提到自己一句不好。

搞得HR很郁闷，好在老板明白事理，没有责怪她。

但正是这件事，让她被"年轻人"这个词吓怕了。

这已不是我第一次听到有人这样评价现在的年轻人。以前公司合作的一个供应商也说过，现在的毕业生真是不好伺候。

他说，一开始他们非常想培养优秀的毕业生，但招进来后发现很多大学生不仅吃不了苦，交代的工作也完不成，有的干不到一个月就拍屁股走人了，甚至还有人干了不到一个礼拜就要求涨工资，个别有灵性、天赋好的大学生一毕业就被大公司争抢走了，其余很多都是本事不大、脾气不小的。

当时我不以为然，现在想来，既然都有这样的看法，也并非空穴来风。而对于这些大学生，其实大多数都是因为刚毕业还没转换身份和思维。很多人还习惯自己在学校的身份，思想上也有些不切实际，以为一毕业就有大把月薪上万的工作等着自己挑选。

可是她们却忘了，还没创造价值，怎么体现自身价值呢？

首先来说，现在很多年轻人不能吃苦，这是最大的问题所在。吃苦不是一定要付出体力，而是要身体力行、力所能及地承担工作责任，尽最大努力去完成工作，哪怕会加班熬夜。

现在的年轻人为什么越来越不能吃苦了？不是不能吃苦，而是没有吃过苦,所以不懂什么才叫吃苦。

曾有一个女生,大学刚开学就开始做兼职,整整攒了四年的钱。她从高中时就已做好要出国留学的准备,但家里经济条件不好,所以就决定自己赚钱。

她每天工作到晚上十点,为了赶在宿舍熄灯前回去,她做了详细的节省时间的路线和方案。比如最后一班公交车几点,跑步要多快才能赶上,回去如果关了门要怎样请求宿管阿姨开门。

虽然每天都要打工,但她学习成绩依然很好而且拿到了奖学金。而她把这份荣誉轻描淡写地说成只是每次考试前熬了几个通宵而已,谁又能知道成绩背后她所付出的艰辛呢。

后来,她去国外留学,生活更苦了。

她不仅要打工,还住在租金最便宜的房子里,经常会有醉汉或吸毒的人从那附近路过,时有罪案发生。她花了半年时间才从那里搬走。

拿到学位后,她立即回国,顺利面试进了一家日企,不仅要干本职工作,还要担负端茶倒水的工作。有人不解,她却很轻松地说,这种端茶送水的事自然得由新人来干。

她在公司待了半年就升职了。因为她的上司升职后人事变动,有个小组长的空缺,上司推荐了她,但引起很多前辈不满,一个新人怎么就突然变成骨干了。

上司没解释,只是让她做一份方案,给一个一直搞不定的客户。结果，她在方案里面详细写了公司的优势，曾经的一些案例，最终打动了客户。

这下，那些人不再质疑，而暗自惊叹，原来小看她了。

她自己倒不觉得意外，她确信自己的努力和隐忍，上司都看在眼里。

刚一进公司，她就做好了从底层开始做起的准备。她没有因为自己是国外留学回来的就自视清高，也没有因为工资低就跳槽。上司每天让她帮忙复印资料，她都会趁机看一看，久而久之，对公司的业务也有了了解。

后来她的上司却对她说，看中她只有一个原因，她能吃苦。

上司说，这个社会不缺有能力的人，但唯独缺能吃苦的人。

刘强东曾说，京东刚成立时自己当了两年的客服，还经常睡仓库。

我们虽不一定是"天降大任于斯人也"，但也"必先苦其心志，劳其筋骨"。

作为毕业生，就算在校成绩再好，没能给公司带来效益之前，一切等于零！所以想要成为被公司器重的人，首先做好一点就是，忍耐！

忍耐公司的各项工作安排，千万别再摆出一副自己刚毕业，所有人都该惯着自己的姿态。

年轻的最大优势不该只是年龄，还有诚恳和虚心的态度。

有人年纪轻轻年入百万，每天还嫌自己不够努力。也有人月薪三千却不知上进。不是因为年轻就该只拿月薪三千，而是看你有没有去努力争取一百万。

当你以为趁着年轻应该享乐时，有人却在趁年轻抓住机遇，迎接未来的好时光。

对比一下，会不会觉得自己活得很失败？

所以就算再年轻，时间也经不起浪费。

我们应该有这样的底气：年轻没有什么了不起，赚得多，成功得早才是骄傲。

谁说二十几岁的青春应该用来浪费？谁说年轻注定要失败？那是因为没有见过那些年纪轻轻就已经成为CEO、成为霸道总裁的女性。

她们不是天生好命，只是勤奋努力罢了。她们把时间看得非常宝贵，认为浪费一分钟都是浪费金钱，浪费生命！

《最强大脑》有一期节目是经过严格考核，从众多学霸中挑选出100名最强大脑的人选。

看到他们时，许多网友都在感叹："活了那么多年，才知道原来自己真的只是为了充人数。"

这100个人中，几乎都是国内外高校学霸，而女生占了三分之一。

我们不用去跟这100个人比，我们只需要跟身边的人比，比他们努力一点,勤奋一点,也一样可以成为优秀的人!

  请记住,你只是现在很年轻,如果不好好珍惜当下时光,当时光飞逝,你连青春的尾巴都抓不住了!

远离观念不同的人

有人问,跟观念不同的人该如何相处?

我的回答比较直接:"不必相处,尽早远离。"

我的前同事有个闺密,她俩是好到花钱不分彼此的地步。然而,她们的性格却完全不同。

同事喜静,闺密好动,同事追求上进,闺密享受安稳。

很多人都有疑问,为什么俩人的个性差这么多,关系还这么好?

前同事说,"我觉得她挺好的,我们俩正好互补。"

我跟她同事的那两年,眼看着她一点点将自己的进取心磨没了,而她却没察觉自己跟闺密越来越像,已经毫无工作动力。

以前,同事在公司是最勤快的人,有谁需要帮忙,她都会主动帮忙,后来却是别人请她帮忙时,她要讲条件,这次帮你,下次记得请吃饭,或者明天我要早点下班,你帮我加下班……

很多人背地里说她变了,变得爱计较又喜欢算计。

我要不是认识以前的她,倒不觉得她有什么反差。于是有一次我便问她，"为什么现在变化这么大？"

她也没拿我当外人，说，"以前我是觉得免费帮大家干点活没什么，后来闺密提醒我才发现，其实大家都有工作，凭什么要免费帮忙呢？何况大家礼尚往来也是应该的。"

她说这话时，就像是在光明正大为自己付出劳动后索要糖果的小孩。

职场礼尚往来没错，但应该不是这样用的吧。

这个同事很聪明机灵，刚进公司时很多人对她评价很高，领导也喜欢她。原本按照她自己的做法，用不了两年一定会升职，可惜，当她凡事付出都要计算回报时，两年后工作仍无起色。

离开公司前，我有意提醒她，"如果你现在努力工作，升职机会很多。"

但她说，"姐，我觉得闺密说得没错，职场就是太复杂，我还是趁年轻赶紧找个依靠吧。"

原来，她的闺密刚找了个富二代男朋友，很受宠爱。同事作为一名单身狗，每天被闺密各种虐和洗脑，灌输女人再努力也不可能在职场有多大起色，以后结婚生子一耽误，再回职场照样被排挤，说不定还不如比自己年龄小的，所以现在好好找个有钱男人才最重要等错误思想。

我被她闺密的三观震惊了，但又劝不动同事离开她闺密。可见，跟观念不同的人在一起很容易被影响。

职场女性怀孕生子的确影响职业发展，可没工作、没收入的女人就敢随便生育了吗？恐怕更加不敢吧。职场女性生育后好歹还有公司担保，哪怕重返职场后不如从前，也比自我放弃，整天围着孩子、灶台转要强。

如果想让自己和孩子未来有保障，不是找个好男人嫁了，而是自己先努力赚钱！

如果像同事闺密这类人，只是自己有这种想法，不去劝别人也这样做，那自然也没什么，毕竟人生可以自由选择。可就怕有这样的人会一直在你身旁鼓吹，你应该这样那样。

所以二十几岁的女孩，有个良师益友的闺密很重要。

其实前同事以前很招人喜欢，经常跟我们说，将来要赚钱买大房子，接父母一起住，要带他们去旅行，要每年过年时给他们包大红包……

不知后来，她有没有再想起自己曾经说过的话。

以前我身边也有一位喜欢指导别人的朋友。她的口头禅是，"女人最大的成功是有男人舍得给自己花钱。"所以，她将男友赚来的钱全部花在自己身上，因此换了几任男朋友，大多因受不了她的消费观而离开。

我委婉劝她，"也不要老花别人的钱，人家赚钱也不容易。"

她很不屑，"男人赚的钱连自己女朋友都养不起，这种没本事的男人不要也罢。"

不仅如此，她还喜欢对别人的生活评头论足。

我新买一条裙子想跟她分享喜悦，结果她说，"唉，你的衣品真的是堪忧啊，要是有我一半会打扮就好了。"

我拿到第一笔奖金请她吃饭，她却说，"请我吃自助餐我可不去啊，那种地方太不上档次，不如去新开的日料店吧，一个人不到四百块。"

我带着男朋友给她介绍，她说，"真的是什么瓜配什么藤，你们俩挺适合的。"

后来，我们便没有再联系。

去年她结婚，把一个在网上制作的婚礼相册群发过来，然后说了一句，"亲爱的，一定要来哦。"然后，我拉黑了她。

真朋友不必天天联系，我会在朋友圈里关注她的动态，认真评论。但有些人，拉黑都嫌太晚，应该尽早远离。

一直容忍一个观念不同的人，我们自身也有责任。

我们总是以为，朋友不该因对方不会说话、拜金主义就不做朋友，但后来才知道，她们不仅是自己如此，还会深深地影响我们。

跟三观合的人在一起，你会发现每一天的生活都是开心的。

你在朋友圈发一条消息，今天不想减肥，想吃火锅。

她会评论，我也不想减，一起吃吧。

你工作不顺郁闷得想打人，她会说，没事，想打谁我帮你一起。

有这样的朋友，三生有幸。

当然，三观相同不是臭味相投，不是要一起做违法犯罪的事。

与观念一致的人在一起，会越来越好。你选择努力工作，她会为你加油打气，顺便一起打拼。初入职场，太需要这样的正能量。因为当你拼到坚持不下去的时候，你会发现一回头就有个人，陪你一起淋雨，一起挨冻。

那些无数次想放弃和孤独无助的夜晚，都是因为没有人可以依靠、陪伴，才会让自己走不下去，没勇气去拼。

与观念相同的人在一起，人生会很有趣。

我有个喜欢动漫的朋友，每次在我面前聊到动漫时一脸兴奋，聊二次元、cosplay，而我对此都没有回应，惹得她很扫兴，再也不跟我聊。

直到有一次，她兴冲冲地说起新认识的朋友，她们是在动漫展认识的，聊得很投机，并且发现两个人喜欢的动漫都差不多，于是越聊越兴奋，后来成了关系很好的朋友。

现在两人经常结伴出游，一起扮各种动漫造型玩得不亦乐乎。

有一次有人说她们的造型有点丑，结果俩人一起怼了回去。

这就是跟三观相同的人在一起的最大乐趣，你哭的时候有人懂你，你笑的时候有人陪你，你生气的时候有人哄你。

你不必每天想着如何去迎合对方，而是每一次都是心甘情愿的附和。

人这一辈子不长，结交志同道合的朋友，远离观念不同的人，不必去听取那些不适合自己的建议。

人生如果按照自己的意愿走，才不会虚度时光，才有更多的动力勇敢向前，去追寻想要的生活。

远离观念不同的人，人生只会更顺利！

拖延症,正在消耗你的生命

懒不是拖延症,但拖延的人一般比较懒。

很多人意识不到拖延症带来的后果,以为只是损失一些机会。实际上,拖延症带来的后果,真的远不止于此。

听一个女孩说起她的故事,真的令人感慨。

她大二就决定要考研,结果到大四毕业,连第一本考研的书都没看完。她只好放弃,然后努力找工作,还给自己打气说,以后要赚到比研究生更高的薪水。

第一个月她努力了,第二个月她也努力了……到了年底的时候,发现有个同事比她懒年终奖却拿得比她高。于是,她问这位偷懒的同事怎么做到的。

同事告诉她,其实工作要的不是每天都努力,而是效率。你能用一个小时干完活,那么剩下七个小时都可以用来玩。

结果她就照做了。第一次,偷懒一小时,觉得好开心,第二次翘班两个小时,跟男朋友一起吃烤肉。

于是半年后,她已经成了职场老油条。别人再谈梦想和努力时，她会很自然地来一句，人活得那么累干吗，还不如好好享受生活，意外说不定哪天就来了，赚再多钱也没法享受。

但她身边的朋友却一个比一个努力。以前抄她作业的学渣，竟然上个月拿到十万块的提成；以前宿舍里最不起眼的女生，刚刚升了职，薪水是她的两倍。

她不再爱看朋友圈，也不敢参加班级聚会，她经常信用卡透支，每月看到账单都发愁。

她在群里问，自己是不是有点笨，不然为什么才毕业不到两年就跟别人差距那么大。

有一个女生回答，不是笨而是懒，想变好先治好拖延症吧。

于是她上网查如何治疗拖延症，发现原来跟她情况一样的人有很多。

她又有点想放弃，为什么要跟身边人比呢？这个世界上还有一大把比自己更差的人呢。自己现在好歹还有一个男朋友啊，再说女孩子也没必要赚那么多钱啊。

她就这样安慰着自己，觉得既然已经跟不上成功者的脚步，那就干脆一切顺其自然吧。于是决定放弃改变自己，她身边有一大拨没自制力的人，他们比她还能拖。直到有一天，她收到父亲出车祸的噩耗。

她没来得及回去见父亲最后一面。当她看到一夜变苍老的母亲时，不禁痛哭流涕。办完父亲的丧事，她执意要陪母亲一段时间再回去工作。

结果她母亲说,"你回去吧,你爸生前最放心不下的就是你,说你二十好几的人了,总不能以后嫁了人就靠婆家养着。虽然你每次都说自己过得很好,但我们知道是你不想让我们担心。当你每次说要带你爸和我出去玩,给他买大房子住的时候,你爸都高兴得像个孩子。他虽然知道你现在买不起,但出去还是会向别人炫耀说自己女儿很厉害。你这次回去后一定好好工作,别让你爸失望。"

她听完哭得泣不成声,心里都快恨死自己了。

如今,这个女孩已经买了房,并把母亲接过来一起住。

她说,如果自己不那么懒,早努力一点,或许自己的父亲也能享到福。

后来她热心公益,说是为自己的父亲祈福,为自己赎罪。但只有她自己知道,做这些不过是为了让自己心里好过一点罢了。

很多人知道自己有拖延症,但就是改不掉。这其实情有可原,拖延症是一种懒癌。刚开始的时候只像是小感冒,对我们的生活来说无关痛痒,但当我们渐渐习惯拖延,便逐渐开始病入膏肓,最终成了不治之症。

想要治疗拖延症,最有效方法就是立刻去做,不要有任何的犹豫,哪怕说先看个微信再做都不行,因为真正令我们拖延的就是这种心态。

类似玩半个小时没关系,跟朋友就聊十分钟,看会儿朋友圈,刷下微博,逛逛淘宝……这些事花的时间虽不多,但累积起来的时间会超出想象。

有拖延症的人往往都是专注力不够。明明打算要去图书馆,结果半路去逛街,这就是不够专注。而有的人只要决定一件事,无论有再大的事情也会先放下。

这种专注力也非常人所能拥有,只有靠自己一点点学,一点点改。拖延症是从一分一秒懒起来的,那么改变也可以从一分一秒开始。

拖延症不光影响工作,还影响恋爱。

有对情侣闹矛盾,结果两人都不愿意先低头。后来女孩终于忍不住,想妥协,但刚好被朋友叫去旅行,于是她想等旅游回来后再和解吧。结果旅游回来后,又遇到家人生病住院,她又拖了一些日子。

等想起来要说的时候,对方已经有新女友了。

还有一个朋友说自己的亲戚被查出癌症。才三十岁的人,就因为平时工作太忙,结果身体不舒服的时候一直拖着没去,直到去年体检查出肿瘤扩散,已经癌变。

有些事如果拖一下还有机会挽回,但有些事一旦拖着不去解决就可能后悔终生。我们以为拖一下无关紧要的事,可能正在消耗我们的生命。

就像有病拖着不去看医生,等真正去看的时候已经晚了;感情有问题不第一时间去解决,等到真正想解决时已经错过了……

拖延症正在慢慢消耗我们的生命，带走了对我们来说很重要的东西。

也许升职加薪不重要，但让父母生活好一点很重要，也许考研失败不重要，但努力的过程很重要。拖延症让人变得平庸，失去机遇，失去斗志，不要小看拖延症，它远不是我们想象的那么简单。

治疗拖延症最有效的方法就是现在去做！

不是等一下，也不是玩一会儿，而是现在！立刻！马上！！！

要学会培养专注力，把时间看紧一点，把事情看得重要一点，自然就会有动力。想让自己变得积极有动力，先得自己有觉悟。拖延症也不全都是懒引起的，还有对事情的分析和认识不够，没有把事件剖析开来研究。

只有认真对待一件事，才能学会去分解和制定目标，提高办事的效率。如果把时间拆分来看，我们的一生也就三万多天。看似几十年光景换成天算的话，其实也没多长。

反过来想，两个小时的工作，也就是玩几把王者荣耀的时间，也就是吃顿火锅的时间，也就是买件衣服的时间……

懒不是拖延的借口，而是一种惰性。拯救惰性唯一的方法，就是逼自己马上去做，不要玩。要制定奖惩规则，对自己狠一点，拖延症才能治好。

如果轻度拖延症，治疗起来更容易，改正缺点就好；如果是重度拖延症，就别想着一下子能改过来。我想你的意志力也不可能有这么强大，所以就先一天、一周、一个月这样来改，一个月下来能有所改变，也是很大的进步。

有句古话说得好，想做一件事就要有千军万马都阻挡不了的决心。其实不是你太懒，而是决心不够大，意志力不够强。

不要因为被贴上拖延症的标签，就选择放纵自己，我们要做的是别再让它继续消耗我们的生命。

做自己喜欢的事，并全力以赴

如果人这辈子没试过为自己喜欢的事全力以赴一次的话，真的会遗憾终生。

我听很多朋友抱怨过，自己对工作不满，但又不能辞职，因为辞职后不知该干什么。

每当这时我都会劝她们，做自己喜欢的事啊。但她们也总是反驳，哪有那么容易啊？再说，也不知道喜欢什么啊。

这就让人无语了。不知是不是人越长大，就越喜欢隐忍。隐忍不喜欢的工作，隐忍不喜欢的婚姻，隐忍不喜欢的上司。

因为要生活，所以必须隐忍。

如果是为自己喜欢的事情去隐忍，还能说得通。可既然是做自己不喜欢的事，为何还要忍得那么辛苦。何况我也相信，做自己不喜欢的事情时，没人愿意百分百地投入。

还记得美国摩西奶奶那本火爆全球的书吗？——《趁一切还来得及，做自己喜欢的事》。摩西奶奶说，"今天即是最好的现在，此刻即是最好的开始！"

为什么有些人反复地做同一件事却从来不会觉得厌恶或反感，反而每一次都做得很认真，很投入。不过就是因为喜欢，所以才会全力以赴，这就是最好的答案。

如果无法忍受现在的工作，就趁年轻去做喜欢的事情，一切都还来得及。

我有个做旅游行业的朋友，已经在这一行做了近五年。

她毕业后换了几份工作，市场调研、销售、文案策划，最后选择了自己喜欢的旅游行业。

她现在就职的公司不大，做川藏自驾游。她喜欢西藏，喜欢稻城亚丁，也喜欢草原。以前对这些地方喜欢只是单纯的向往，如今却是每天都可以与这些唯美的画面接触。

她的工作是负责接待报名的自驾游顾客，然后收集沿途漂亮的照片，也会带团一起出行。

春天，可以去西藏看桃花；夏天，可以去草原骑马；秋天，去稻城看落叶；冬天，再去白雪茫茫的色达。

一年四季，都有期待。工作不再单调，也不再觉得枯燥，光是看到自己喜欢的美景，就足以忘却所有烦恼。哪怕会遇上不讲理的客人，或者半路上车出问题需要解决，等等。

因为喜欢旅游，哪怕第一次进藏的时候出现高原反应，她也义无反顾地跑去八角街拍照，去布达拉宫祈福，去听高僧诵经。因为喜欢，所以做的每一件事都心甘情愿，从不觉得辛苦和无聊。这份工作赚的钱虽没以前的多，但她却做得很开心，从未想过辞职。

她说，做自己喜欢的事情以后，每天睡五个小时也会很有精神。

选择做自己喜欢的事，就一定要全力以赴。

有个网友说她从小就喜欢画画，高考时她为了考美院，跟父母吵到差点离家出走。后来父母妥协了，她也顺利考上了，只是过程并不那么容易。

她想考的学校文化课分数要求很高，所以她必须在画完画后看书复习。高考最后一年，她每天睡觉时间不超过五个小时，精神压力很大，又不敢跟父母说，怕他们会说这是她自找的。

后来她终于考上了，文化课第二，专业课第一。

她成绩很好，父母脸上也有光，但有人祝贺时，父母却没半点喜悦，反而叹气，"考得好有什么用，学画画以后出来能干什么？又不能当饭吃。"

为了这句话，她又继续努力了四年。大学毕业，她进了一家画室实习，因为她努力又勤奋，画室的老师推荐她出国学习。

现在她的一幅画最高可以卖到十几万，有人为买她的画，专门从国外赶来。

这些年她拜访过很多画家，有的人已经不再画画了，可是跟他们交流时，仍可以学到很多东西。他们的境界、他们对人生和绘画的看法，以及他们的信仰、价值观，都在深深地触动她。她说如果没有坚持自己喜欢的事，就不可能成为可以拜访他们的对象，自己一辈子也无法从他们身上学到这些。

虽然做自己喜欢的事会让我们很快乐，但不代表我们可以盲目地辞职。

做自己喜欢的事是需要全力以赴的，不是做两个月后发现还是原来的工作好，然后又辞职回去。真正喜欢什么，就要做好在这个行业干一辈子的准备。虽然人生未来会有很多变化，但至少不要现在就抱着那样的想法去敷衍自己的梦想。

记住！这是你自己热爱的事业，你要有决心做好，再去选择！

七十六岁的摩西奶奶，因为关节痛不得不放弃近二十年的乐趣——刺绣。但她却因此开启另一个世界，没有绘画功底的她竟然画出一千多幅美轮美奂的乡村美景。她说，刺绣是她的爱好，绘画也同样是爱好。不能因为无法继续刺绣就放弃对色彩的追求，她在绘画中找回了这种乐趣。

如何把一件事做到极致？怎样才算全力以赴？

这就是最好的例子！

我们总是想，如果我们失去这份工作怎么办？我们现在年纪大了怎么办？我们与社会脱轨了，没有机会了怎么办？

事实上，出路就在前方，是你没有用心去发现，总是瞻前顾后。你不是不喜欢自己的工作，而是你对任何事都不努力。

就像有人说，反正都是为了生活，我们更应该锻炼自己去做不喜欢的事，而不是去选择做自己喜欢的事，毕竟人生不可能什么事都那么顺利。

不可否认这话也有道理。但有一点是，不管做自己喜欢的事，还是做不喜欢的事，都需要全力以赴。

选择辞职，追求自己的梦想前先问自己三个问题。

首先，辞职后要做什么？

其次，要做的事是可控的吗？

最后，你能坚持多久？

曾有一个女生一年跳了三次槽，每一份工作都只做两三个月。

有一次面试，面试官问她，"你为什么一年换这么多份工作？"

她说，因为自己想在不同的工作中找到自己的兴趣和爱好，所以才需要不停地换工作。

公司果断拒绝了她，尽管她的简历很优秀。如果你都不确定自己喜欢什么，一年换两三份工作，换作哪家单位都不会接受。从对工作负责任的态度上就可以看出一个人的忠诚度。你可能觉得自己是在找感兴趣的事，但公司却不是让你来玩的。

能全力以赴去做一件事的女孩，都有笃定的梦想和决心，当然也要有撞南墙的勇气。如果你一样都没有，那还是安心工作会更好一点。

梦想什么时候去完成都不算晚，喜欢的东西可以放在心里慢慢去实现。

人生是不断变化的：有改变，也有获得；有惊喜，也会有意外。重要的是我们在遇到这些变化和意外时，是否可以坦然接受并乐于改变。

愿我们的人生可以度过一个安稳的岁月，也愿我们的梦想与兴趣不会因此而磨灭。至少在我们还有力气去完成一件事的时候，做到有信仰，并且在生命终结以前，去完成一件有意义的事。

其实在每一段岁月里都该期待有一件让我们兴奋、疯狂的事，让它占据我们全部的脑海，只想为此用心做好。

只要我们能按照喜欢的样子生活，就算再艰难，依然能用尽余生的精力完成。

因为这就是我们喜欢做的事！

别让将来的你，后悔现在的决定

每当我们过得不如意，总会悔不当初。

如果当初上学时勤奋一点，就可以念自己喜欢的专业，找自己喜欢的工作；如果当初没有跟老板吵架，说不定现在也升职成公司一把手了；如果当初没有跟恋人吵架，说不定现在还在一起……

后悔也没有用，事情发生了，悔恨只会增添烦恼。

我们身边有不少三十几岁的女人，她们因为过得不好，所以常常抱怨自己的人生。她们为自己曾经没有努力而后悔，为没有选择自己喜欢做的事而后悔，也为自己没有坚持而后悔。

听得多了，发现其实问题都在她们自己身上。

有个亲戚就是这样。房子限购前，她老公打算再买一套。她一口否定，理由是钱留着以后给孩子上学用。结果不到一年时间房子限购，房价疯涨，她老公看中的楼盘翻了一倍。她才傻了眼。

还有一回，一个朋友开店，找她老公投资做合伙人。她担忧风险，硬是拿着银行卡不给，最后朋友的店一年赚了两三百万，她后悔得捶胸顿足。

其实人生哪有那么多事事如意，总有几次会被猪油蒙了心，看不清方向。

在我写这篇文章时，刘若英的电影《后来的我们》刚上映不久，闺密公司的一群女人都去看了，然后便开始聊起各自的青春往事。

有一个女孩说，如果我当初相信自己一次，就不会在这里了。

这个女生说，高考时她很想考去北京，但以她的成绩差很多，连老师都建议她多考虑，别冲动。但她不信，拼了最后三个月时间，最后自己觉得还不错，就那样进了考场。

成绩下来的时候，她的分数刚好够。她很高兴，结果周围的人继续泼冷水，劝她慎重，毕竟以她的成绩，实在有点危险，万一没被录取，就错过了其他好学校。

于是，她纠结一晚上，决定听周围人的意见。

但没想到，跟她考同样分数的另一个女生竟然被录取了。她回家整整哭了一个晚上，肠子都悔青了，为什么自己不能勇敢一次？为什么不能相信自己一次？

然后，她在自己不喜欢的大学，不喜欢的专业读了四年。毕业后，她还是想去北京，此时母亲突然病危，虽然最后抢救过来了，但她却不敢离开了，怕离开后就见不到母亲最后一面。

可是每当夜深人静，或者工作不顺的时候，她都会想，如果当初自己的选择不一样，会不会现在的人生也会变得不同。

那个去了北京的同学在北京找到工作，朋友圈里经常晒自己的生活和工作照,她羡慕极了,那本该也是属于她的生活啊。

可是能怎么办?现在一切已经成了定局。她试过改变,但发现好像太难了,她不可能丢下生病的母亲独自跑去北京,她现在快28了还没男朋友,家里人一直催,催得她心烦意乱,却又不敢发作,只好忍着。

她说自己很后悔,但又不知道该怎么办?

我们说,余生很长,人生路该慢慢走。

我们的每一次决定都应该经过深思熟虑,不管结果如何,都不要为此而沮丧,应该继续前行,寻找新的方向。如果因此而一蹶不振,才是最大的失败者。我一直觉得,没有什么可以保证我们当下做的决定就一定是对的,但至少可以肯定当时做的决定是最好的决定。

怕房价会下跌,所以不敢买房;怕做生意会亏,所以不敢投资;怕选错了大学,最后连学都上不了。归根结底,不过是胆怯和懦弱,如果拿出勇气赌一把,放手一搏,未必会输。

但既然选择了,就不必后悔,勇敢去接受。

二十岁是个可以试错的年龄,不用后悔不迭,因为还有机会修正。如果后悔没有好好上学,那么就利用业余时间充电。如果意识到自己能力不足,口才不好,社交能力差,也都是可以弥补的,只要你肯努力。

所以,二十岁谈后悔为时过早。

人生都还没有走到一半,何必那么早下结论否定自己。

真正让人后悔的是，当你发现自己的问题所在时，却还要一直错下去，你明知道这份工作不喜欢，却不去改变，而想着怎么偷奸耍滑混到退休。很可惜，现在女性退休要到55周岁，会消耗掉女人大半辈子的时光。

如果你不甘心这样过一生，那么就应该及时止损。

以上的问题都是在后悔自己曾经的决定，让自己陷入两难境地。

我们有没有考虑过，为什么当初会做那样的决定，却要现在来后悔呢？为什么没有提前考虑到将来的自己会不会后悔现在的决定呢？

如果以前没有认真考虑，如今再遇到选择时要考虑清楚再决定。

人生最不应该的就是草率做决定，然后又轻易地放弃。既然决定了，就该尊重自己的选择。不要一边否定自己，一边又勉强地做下去。这样会很累，也不值得。人生短暂，除了做自己喜欢的事以外，还要做自己认为对的事。

如果你认为是对的事，就应该立即去做；如果你觉得是错的事，那就应该马上停止！别让后悔一直进行下去，别让错误的决定一直错下去。

就像恋爱中的女人一样。明知自己选择的伴侣不适合自己，却还要选择跟对方结婚；明知对方会家暴，却还期待着对方会良心发现。

有个离婚调查显示，很多90后离婚的原因都是发现对方不适合，对象的缺点在结婚后没有改变，妈宝男婚后照样听妈的话，渣男结婚后照样很渣……

对此我很质疑，难道女生都傻吗？明知对方这样，却还要结婚。

事实上，很多女生不是因为傻才结婚，而是因为太单纯，以为结婚后对方会变得成熟，所以才想通过婚姻来改变。结果，婚姻成为令她们后悔终生的大事。

如果可以，我们每个人都想体面地生活，无怨无悔地继续前行。只是，有些事天不遂人意，想要的终归还得靠自己努力争取，因为没有人能代替你的人生。人生在世，就得为自己的人生负责，为自己的将来负责。

那么，为了我们的将来可以少后悔一点，现在就该勇敢一点，果断一点。哪怕将来真的做错了，但至少是顺了自己的心意。

我知道很多女生越来越勇敢，她们能一个人撑过苦难，熬过黑夜，虽然还未见到黎明的太阳。但我相信，没有什么比不悔的人生更重要！

人生走的每一步都不该是负重前行，而是轻装上阵。不要总是活在抱怨和悔恨之中，去做一个潇洒走一回的女子，去活成自己最期待的样子！

职场只看结果不看过程

人在职场,身不由己。

朋友敏每当被老板气到半死,总会在群里一通抱怨和发泄。

当时她刚毕业,还未经历过多的人情世故,一身正气,又无所顾忌。敏那次抱怨,是因为她熬夜赶了一个晚上的设计,被上司说成了一文不值。她气到半死,辞职信都写好了,但被我们劝了回来,让她忍忍,毕竟这家公司的薪金、福利都很好。

然后,敏消失一个礼拜,再见她时又恢复了活力。

她说找到应对上司的方法了。她说自己的上司虽然是个严厉的女魔头,但也有体贴的一面。那天有个同事痛经痛到脸色发白,她不仅拿出自己备在办公室里的红糖,还亲自冲好给同事喝,让同事十分感动。正是上司这个举动,让敏决定继续待在上司身边学习。

一年后,敏的工作态度发生了重大转变。她已经熟练掌握了上司可能会发飙的各种可能,预先就做好了完善的工作,让挑剔的上司几乎挑不出毛病。

上司其实是个很讲道理的人,只要哪个同事做的方案让客户满意，谁能签下大单，她都会给予肯定和奖励。敏由一开始不理解上司，慢慢地变得跟上司一样地为人处事。

敏调侃道，这叫近墨者黑。其实，这才是职场聪明女孩的做法。

闺密说起她们公司一个售楼部的女孩，1995年出生，刚毕业的大学生。刚进公司时总被欺负，每个月完不成业绩，总会被骂哭。

闺密说这个女孩真不适合干销售，背靠着公司这棵大树，竟然还做不好。

但没想到，下半年的时候，这个女孩连续三个月成了销售冠军，连老总见她都主动打招呼。闺密说，"你看，这就是职场。"

职场是什么？是上班赚钱的地方。大家的利益是一致的，都是为了能多赚钱。上司希望下属勤奋努力，自己的部门有业绩，有奖励。老板、投资方更是如此，员工努力了，公司发展快，大家都有钱赚。

所以，在职场受到一点小挫折就哭鼻子，感叹人生不易的人，还是回家找父母哭吧。职场不是成为你温暖依靠的地方。这里是你讲理，他们跟你谈业绩；你讲情，他们还是跟你谈业绩的地方。职场是创造社会价值的地方，你没有价值，没有能力，做不出好的业绩，谁会在乎你付出多少努力，熬过多少个通宵。说不定还会有人讽刺一句，你都努力成这样了还做不出成绩，也真够笨的！

其实不是职场现实，而是生活本来如此。没有人可以随随便便成功，都是一路披荆斩棘，才能走到最后。

在职场中，不难看出有不少视工作如鸡肋，食之无味，弃之可惜的女孩。

她们常常会因为自己工作辛苦就理所应当地认为老板应该多发工资，甚至理直气壮地说，自己在为公司奉献青春。但她们忘记了，公司也在为她们提供成长的平台，甚至还负责她们搞砸后一系列的善后工作。

比尔·盖茨曾说，"你可以不喜欢你现在的工作，但你必须热爱它。"如果你连基本的热爱都谈不上，自然不会在乎有没有给公司带来利益，而只会在乎公司每个月给自己发多少工资。

我们应该学会利益捆绑，要看懂公司与自己的关系不仅是雇佣，还有合作。

之前朋友的公司就有一个女孩毕业后来实习，并打算实习完就出国。一开始很多人都觉得反正她要走，就不必交情太深，甚至包括上司也这样想，所以交代她做的事都是无关紧要的。

朋友和她在不同的部门，但有一次晚上加班却看到她在，便好奇地问她。

她笑着说，"我们部门所有人都在加班，我怎么好意思走。"

后来听同事讲，那天晚上多亏那个女孩，为公司挽回了巨大损失。当时大家为一组数据争论不休，这个女孩说自己好像在哪儿见过，便把自己的想法说了，当时部门经理也在，对她很欣赏。

等这个女孩实习结束，经理亲自挽留，希望她可以留下来。但因为她已经准备好要出国，所以还是放她走了。不过，一直保持联系，后来经理跳槽到一家上市公司做总监，一听说她回国了，就马上把她招之麾下。

凡事有好的一面也有坏的一面，我们如果总是看到坏的一面，人生也只会往更坏的方向发展。

用心做事的人，运气都不会太差。

职场本来没有什么规则，如果你够优秀，一切规则都可以被你打破。所以如果你会被责骂，遭遇失败和挫折，一切原因不过是你不够优秀。

我的妹妹刚上班时，因为业绩不好每天都会被老板责骂，责骂到最后她却升了职。

有段时间她说自己压力好大，不想上班了，问我怎么办？

我说，"你见过上班轻松的吗？有压力才有动力啊，不然老板要你干吗？"

后来她索性不找我诉苦了。调整心态后极力去适应环境，没多久就习惯了。

那天公司为冲业绩，差一单就够。妹妹为了完成团队的业绩，做了一单自己倒贴钱的生意。为此得到老板的赏识。

我觉得之所以妹妹能撑得下去，其实多少跟她的个性有关。

她不爱计较，无论对同事还是朋友，都很大方。所以那一单生意自己吃了亏，但完成了团队的目标。

公司看重是妹妹对待工作的态度和为大局着想的做事方法。正是因为她没有计较个人得失，才让她后来有升职的机会，才会受到老板的格外关照。

职场其实很公平，付出多的人自然回报多，付出少的人就只能原地踏步甚至被淘汰。

如果你能理解"世上没有免费的午餐"这句话，就不难理解职场为何不养闲人，也能明白职场要的不是过程而是结果。

这个结果是不管你以什么方式去完成任务，只要能给公司带来效益，公司自然会重视你，关注你，甚至给你丰厚回报。

所以不要受了委屈就觉得忍受不了，觉得公司看不到你的才华，要多思考你的努力有没有用在对的地方，能不能为公司实现利润。

年轻的时候总觉得全世界都在辜负我们，但等到年纪大一点才发现，原来是我们辜负了全世界。在我们什么都不懂的时候，有一家公司愿意给我们平台和机会让我们学习，让我们有犯错的机会，可以从中成长和学到东西，但我们却毫不领情，甚至遇到问题就推给公司，这就是自私。

有人说，这个社会好冷漠，为什么不能善待我一点？

对此，我只想说，其实不是你不被社会善待，而是善待你的时候，你没有好好珍惜。

工作中的每一次动力都该来自想要在未来遇见更好的自己，这才是我们努力去工作的全部意义！

什么样的人可以奋不顾身去爱

对于女人来说，爱情还是很重要的。

虽然越来越多的女人说，"我不需要男人，照样可以过得很好。"但是，不需要男人，不代表不需要爱情。很多女人心里渴望的是一场可以不分手的恋爱，是结婚以后依然可以谈情说爱的婚姻。

这个世界很大，却很难找到让我们可以奋不顾身的爱情，或者说，女人的年龄越大，越懂得谨慎挑选，不愿为一场没有结果的恋爱再冒险。

一个1998年出生的小女生问我，"姐，你说什么样的人才值得我奋不顾身去爱？"

她说自己在大学里认识一个优秀的男生，学习成绩好，长得也好，她很喜欢他。可是在一起后却发现，他并不是那么完美，也有她看不顺眼的毛病。她说不是自己忍受不了这些，只是希望他能为自己而改变。

可是男生并不接受她的意见，反而觉得她作。所以她一边深爱他，一边又对爱情很失望。男生说，"我们在一起之前我就这样，我为什么要为了你改变啊?"

她听到这话,难过极了。她想是不是男生一点都不爱自己,是自己太一厢情愿地投入这份爱情了吗?她很迷茫,不知道该不该继续这段恋爱。

我问她,"你爱他吗?爱他什么?"

她想了很久,说自己答不上来。她不知道爱他什么,但是知道自己离不开他,她不是没有想过分手,可是一想到离开她就很难过。

我很不喜欢解答这种感情问题,尤其是对于二十来岁年轻女孩的爱情。我自己的妹妹刚满二十岁就交了个男朋友,对此我直接告诉她,谈恋爱可以,其他都不可以。

在曾热播的电影《后来的我们》中就有这样一句话被刷屏,"后来我们什么都有了,却没有了我们。"这说明什么呢?一个女孩想要谈一场奋不顾身的恋爱时,她可以陪他吃泡面,捡白菜,但却不想看到他为了钱和房子变成另一个样子。

女人因为要的东西特别单纯,所以才会去奋不顾身地爱。如果要的东西不单纯了,反而不会那么爱了。其实爱情无关年龄,就算只有二十岁,女生对爱情也同样很执着,她们会希望自己爱的那个人同样爱自己,她们会因为自己不够好,不够成熟性感,无法取悦对方而失落。

但唯一不变的是,她们会付出百分百的真感情。

女人想要在爱情里大费周折地去讨好对方,变成他想要的样子，这是男人的想法。对于女孩来讲，很多女孩可以爱一个没有钱的男人，却很少对一个有钱的、没有好感的男人付出真心。

所以要学会像《后来的我们》里的方小晓一样，从爱情里及时抽身，去过自己想要的生活，不消耗爱情，也不浪费时光，才能换得两人再次相遇，笑着说再见。

要说这世上有没有值得的爱情，答案是，有的。但如果觉得值得，就不该那么轻易说放弃。

只有等到自己有能力去谈一场不说分手的恋爱时，才能真正做到无关物质，无关梦想。因为这些自己都有了，只需要找到一个可以一起过日子的人就好。

有对情侣，他们是大学同学，两个人都是学医的。

女生是因为男生学了医，所以也同样填了医学专业。大学里，他们谈起了恋爱，女生很爱那个男生。

那个男生也很珍惜女生。毕业后，两人同在一家医院，彼此照应。恋爱四五年，他们吵架时都是男生让着女生，在外人看来，女生为男生做了牺牲，男生也同样付出了很多。

他毕业后每个月都在存钱，为的就是早一点在这座城市买房。他带她去见朋友，见父母。他的工作、生活全部都把她计划在内，他从来没有想过要跟她分开，哪怕她无理取闹，要小脾气时，也会温柔地体谅。

我们判断一个男友合格与否的标准，很多时候真的很难定义。

只要两个人在一起可以相互扶持、相互成长的话，奋不顾身爱一回也值得。

都说二十岁的时候谈恋爱是不计成本，想在一起就在一起。为对方努力念书，考同一所学校，熬夜帮他织围巾，打工攒钱替他买礼物。女孩能想到的所有爱情表达方式都用尽了，只因为太爱他了。

真爱中的女孩没有想过什么回报，只觉得能让他开心就好，能为他多做些事就好。在这样的纯爱里，没有人会去计较为对方花了多少钱，也没有人会计较有没有爱对人。

也有女孩到最后恍然大悟，发现自己的付出不值一文，换来的却是对方的辜负，然后就会伤心欲绝。长此以往，这种怨恨埋藏于心，深深影响着下一段的感情交往。

当你成熟有魅力时，一定会有好的爱情等待你。而且，这样的爱情会更有安全感。你们不会因为吵架就赌气离开，不会轻易就说分手。

见过世面的女生不会被99朵玫瑰收买；财务自由的女生，不会被一枚钻戒收买；见多识广的女生，不会因为钞票，加两句甜言蜜语就托付终身。

我喜欢那种冷静理智的女孩，她们时刻都保持一副清醒的姿态，也很清楚自己想要什么。她们不会因为自己错过一段爱情就失去人生方向，痛哭流涕。她们会很快投入新的方向，继续努力实现自己的梦想。

她们明白，爱情只是生命中的一小部分，错过的人对她们来说只是一个过客而已，哪怕是深爱的人也是如此对待。但不得不承认，这样的女孩会过得很好，至少她们大部分的时间都是在为自己而活，而不是为他人而活。

如果一个女孩可以冷静理性到这个份上，自然有得有失。喜欢她的人，她会很喜欢；不喜欢她的人，她也不在乎。人最难做到的就是为自己而活。

如果爱情不如意，就好说好散；如果生活不如意，就尊重命运的决定。

做个理性的女子没什么不好，反而是在爱情和生活里都搞不清楚方向的女孩，以为自己爱得昏天暗地，到头来仍是竹篮打水一场空。

女人要活得明白一点，虽然我们经常喊着口号，要为自己活，要活得勇敢，然而现实中往往误入歧途。女人不要对爱情抱有太多幻想，这样失恋的时候才可以快速恢复过来；也不要对工作期待太多回报，这样才有积极向上的动力。

人都应该给自己的人生设一个底线，才不至于去做浪费时间的事。

工作上，若干的活儿与薪金不匹配，也没有发展前途，就要立马跳槽；爱情上，若爱得心痛，就要头也不回地挥手再见。

世上哪有那么多顺风顺水的爱情，如果没有想好退路，真的不建议把所有的精力都花在去爱一个人身上。

女人的爱情是有配额的,当你的配额消耗完了,就没有遇到真爱的机会了,岂不是很可悲。所以,不要心急,你若灿烂,自引蝴蝶!

二十几岁女孩该有的好时光

家里有几个90后的妹妹，都是二十出头。每当我跟她们聊天时总会发现和她们真的有代沟。这种代沟包括对价值观和人生观的看法。

以前我工作时，挣来的第一笔钱想到的不是给自己买衣服，而是要存起来，将来可能会有需要的时候。而现在她们说的是，自己拿到第一笔工资应该好好犒劳自己。

在她们眼里，过好当下比将来更重要。

为什么会这样呢？从与她们谈话的过程中，我意识到事实上她们从没有想过以后会怎样，更没有为未来做过打算。

在她们眼中，"人生太长，应活在当下"。

对此，我无法反驳。仔细想想，她们也没有什么好顾虑的，生活不愁，父母不用赡养，年轻有机会，前途可期。

有时候我们会羡慕90后们，她们想创业，便很果断地去做，不计后果；想结婚，刚毕业就结了，哪怕两个月就离，她们依然可以洒脱地说再见。

在80后们看来，人生最难熬的就是刚毕业时连生活费都赚不回来，住最便宜的房子，每天为省钱挤公交，电话费也要精打细算一分一分地省。

很多人觉得年轻人应该吃苦，只有吃了苦才能懂得勤奋。但我觉得，吃苦的同时也要懂得享福。

在老一辈人眼里，不管做什么都该给自己留后路，钱不能乱花，更不能花光。放到现在，她们的思想和观念还在深深地影响着我们。

比如，剩菜隔天热热继续吃；不舍得多买新衣服，永远只穿便宜的衣服，就算给他们买贵的也会放起来不舍得穿。在他们的眼里，人应该节俭。所以对70后和80后来说，真正能懂得享受生活品质的时候往往到了有经济基础的中年，且其中的很多人花钱也依然不敢大手大脚。

说这么多，只是想说一个现象，就是大多数90后越来越懂得为自己而活，追求自己想要的人生。

我在瑜伽班认识的1990年出生的L，她很早就开始自己创业。

闲聊中得知，她虽然年纪不大，但因为很早就开始创业，如今已经有一笔不小的存款，她还给自己和家人买了50万的保险，并且每年会固定拿出10万元做理财投资。她很聪慧，大学期间就跟人合伙创业，并且小赚了一笔。

到毕业时，她已经算是个小富婆了。很多同学还在找工作，她已经在研究起自己扩大后公司的新办公地址。

后来她认识了现在的男友，也是一个创业的男生。俩人一见如故，许多想法都很契合，都是知道该如何规划自己未来的人。不到两年的时间，他们就已经买了自己的房子。

我夸她聪明，懂得为自己谋划。

她笑着说，自己只是不想再走母亲的老路而已。

L的母亲从小就喜欢服装设计，年轻时学过裁缝，所以L小时候所有的衣服都是由母亲做的，哪怕是用旧裙子改的，经过L母亲的巧手，也会变成一件漂亮的衣服。

L从小就很高兴有这样一位巧手母亲，不过她母亲并不是裁缝，而是一家纺织厂的工人。L小时候不懂事，渐渐长大，她觉得母亲不该如此委屈自己，把自己的才华浪费在没有前途的工厂里。

于是上初中后，她就鼓励母亲去学服装设计，还特意从网上帮她搜索培训学校。当时L的母亲看都没看就拒绝了，"一把年纪的人了，还折腾什么，不要给我看那些没用的东西。"

她据理力争，"怎么会是没用的？你喜欢就该去做啊？为什么要窝在没前途的工厂里。"

谁想，L的母亲听完大怒，"我要不是为了你，早就去学了，你以为生活很容易吗？从二十岁生下你，到现在省吃俭用，每天熬夜上班不就是为了你以后过上好日子？"

L有些后悔自己的主意，但她觉得是出于好意，如果是她的话，就一定会去做自己想做的事，而不是委屈自己一辈子。

后来上大学，L选择自己喜欢的大学，跟同学创业，也是偷偷背着父母做的，直到赚到钱才敢回去说。果不其然，还是被母亲训了一顿。

不过L说母亲虽然会说她不务正业，但也会经常在没事的时候感叹，你们现在年轻多好啊，想干什么就干什么，没负担没压力，不像我们那个时候。

但L并不觉得是家里的原因困住了母亲的梦想，而是母亲自己。如果当初她能果断一点，也许现在的命运会不一样。

听完L的故事，我的感慨良多。

对比现在90后的洒脱，这个世界上有些人真的没办法按照自己想要的方式去生活。就像有人常说，不能让孩子输在起跑线上，但有的人刚出生就知道了终点线，这是没办法比的。

也有人是在一开始就已经选择了屈服。就像L的母亲，她如果义无反顾地追求自己的梦想，也许生活会很好，但L可能就不会这么幸福了。虽然年轻很好，二十岁跌倒可以重来，但很多人的二十岁，是需要先解决温饱问题。

我觉得，二十几岁的女孩应该这样过。

明确自己的目标，不管有没有可能达成，先定目标。比如，两年内升职加薪，一年存款多少，几年内买房。定目标有个好处，更能接近自己想要的生活，不浪费每一年的时光。

你有没有发现？其实每一年我们都会给自己定个小目标，今年争取存款过五位数。但是，很多人到了年底，连回家过年的钱都没有。扎心吗？更扎心的是，快三十岁了，被催着相亲，发现自己样样不如对方，只好灰头土脸地回来。

制定目标是为了提高效率，尽可能早地实现自己的梦想。比如，你想在四十岁退休去环游世界，那就在之前赚够需要的钱。如果你想在结婚后不必为赚奶粉钱而马不停蹄地回到职场跟比自己小的人竞争，就需要在生孩子前做好财务准备。

保持阅读习惯，优秀的女生不容易被淘汰。如果从二十岁开始养成坚持看书的习惯，每年最少看十本，到三十岁也至少看了一百本。然后继续保持这个好习惯你一定会学识渊博，见识更广。

就像董卿说的一样，"你在读书上花的任何时间，都会在某个时刻得到回报"。

二十几岁的女孩要有眼光，有目标，有信念。

不要盲目地活着，不要为他人而活，更不要自私地活着。要知道，二十岁做的每一件事都会在某个时间得到生活的馈赠。

恋爱要谈，找个值得相爱的人谈场不分手的恋爱；朋友要交，要学会寻找志同道合、三观一致的友情；工作可以是为兴趣，也可以是为营生，找份既能提升自己又能为之努力的工作。

在这大好的时光里，愿你不蹉跎岁月，不辜负梦想！

第四章

请时刻保持危机感

有人说，未来五年我们可能都会失业。我认同这个说法。因为最可怕的不是你不变，而是你害怕改变。即使你在一个岗位做得再出色，也难保一辈子如此。在这个时代，人人都该保持危机感，趁着年轻去学习，去改变，一切都来得及！

比你优秀的人都在努力

几年前的一个夜晚,我半夜接到女友陶子打来的电话。

她的语气不同寻常,没一会儿就哭得泣不成声,"为什么我那么努力了,却还是不行?"陶子在那次的公司晋升中被对手打压下去。对方是个富二代,陶子觉得这场竞争不公平。

而她没背景,没家世,只有靠自己的双手去拼,但对方轻而易举就可以为公司拿到大单,也可以不用经常加班,却仍然能在短短几个月时间里,就跟工作两年的陶子站在同一条线上晋升。

陶子说,"这个世界怎么会这样?你说我该怎么办?我要不要离职?"

我一边安慰着陶子,一边思考着该怎么帮她拿主意。

当时我真的没有太多这方面的经验,对于富二代没有多好的印象。直到认识林以后,才发生了改变。

林是当时公司空降的主管,她是个不折不扣的富二代。一开始我们并不知道,她很低调,穿的衣服,背的包都是不带商标的大牌。

发现她的身份,是因一个同事在洗手间看到林手上新戴的一块腕表。她回来告诉我们,那块表至少价值二十万人民币。

公司所有的人都炸锅了,林却很淡定地说,"你们与其花心思研究我,不如多在工作上用点心,毕竟我有没有钱都跟你们无关,不是吗?"

她说话不留余地,却又让人佩服。

她确实是富二代,可她有今天的成绩,也确实都是靠自己打拼来的。

林很小的时候,父母创业,经常都把她一个人锁在家里,晚上就她一个人,半夜的时候电话铃响,她吓得整晚都抱着被子不敢出声。后来长大一些,父母的生意走上正轨,母亲才全职回家照顾她。

以前家里还请了阿姨,但母亲回家后就把阿姨解雇了。父母是白手起家,骨子里还是比较节省,他们觉得没必要花那份钱。

林小学时就开始学做饭了,上学时的成绩一直都名列前茅,父母几乎没管过她,全靠她自己的努力。后来她出国留学也一样,在国外待了几年,父母一次都没去看过她,理由是他们英语不好,怕走丢了。林很早就开始独立,也很少伸手向家里要钱,所以她从来不向别人提起自己的家世。

林也许是遗传了父母的商业头脑,在留学期间,她就在一家女性电商做运营,提高了销售额,因此得到老板和同事的赞赏。用自己挣来的钱交了学费。当时很多同学都不知道她是富二代,后来知道时都很惊讶,有人问她家里条件那么好,为什么还那么拼。

林说家里条件好是父母辛苦赚的,不代表自己就可以好吃懒做，靠家里养一辈子。

我们对富二代都有一种片面的看法，因为不了解他们，所以以为他们都活在纸醉金迷的世界里，可以挥金如土，肆意妄为。

但其实不全是这样，他们有很多人比我们想象的还要努力。

很多人说他们创业都是开着宝马去送货，启动资金几十万不过是人家一个月的零花钱。不可否认，他们确实有钱，但也在努力地向前。

相反，很多家里没钱的人却根本不努力。

中国很多家庭对子女的教育理念是"再苦不能苦了孩子"，这也造就了许多女孩在大学时期就开始攀比，为了一个名牌包而做出后悔终生的事。

以前一位同事说自己有个舍友，明明家里条件不太好，却偏偏要把吃饭的钱都省下来去买几百块的护肤品和漂亮衣服，钱不够花了，就总借人钱，又不想着还。

有一次，这个舍友生病，半夜胃疼得厉害，又没钱看医生，同事见她那么痛实在不忍心，替她去药店买了药，劝她以后不要再乱花钱买名牌了。

听到这个故事着实令人唏嘘。究竟是什么让一个女孩落魄到无钱看病的地步？既然如此，为何不肯努力去做兼职赚钱还要买昂贵的物品呢？

所以最可怕的不是贫穷，而是有的人比你优秀、比你有钱却比你更努力,而你还在原地踏步。

二十几岁女孩可以攀比,可以羡慕,但是不能没有危机感。

什么是危机感?是在你只顾着攀比和羡慕别人的生活时,不知道别人已经甩掉你好几条街了。你以为二十几岁的女孩能买得起奢侈品,名牌包都是家里有钱,或找个有钱的男朋友,却不知道其实是她们自己买得起。

女孩如果自己买得起,美好的人生就有了底气!

二十几岁的女孩最怕的是没有这种危机意识,不知道自己在追剧的时候,别人在加班、在学习,不知道自己整天抱怨男朋友不陪自己的时候,别人已经完成新一轮融资了。

二十几岁女孩的差距往往不是差在贫穷和富有上,而是差在层次上。你的层次可能是如何安稳地在一家公司待久一点,但别人想的却是如何才能跟行业大佬交流学习,如何才能争取到更好的机会。

有很多家庭条件优越的女生谈到她们的成长,都说自己从小就很自主,几乎不用家里人管。因此长大后,她们也变得很独立,能吃苦。

在我遇到的这些有钱人家的女生中,除了个别人比较张扬以外,大多数的人都很低调。她们可以跟普通人一样去吃路边摊,也会买打折品。她们懂得珍惜钱,或者说她们更懂得如何合理地利用钱。

在金钱的价值观上,她们喜欢靠自己努力去赚钱,或者合理地利用父母的资产。后来我改变了对她们的看法，她们的教养真的是从骨子里散发出来的。

当我们以为自己机械而反复地在一份工作中被磨到失去兴致时，却不知道在这个世界上还有比我们更勤奋的人。

电视剧《北京女子图鉴》中有句经典台词，女主人公说，"你想过什么样的生活，就该按照什么样的标准去努力"。这句话适合送给每个二十几岁不愿意努力就想轻易过上好生活的女孩们，这个世界上真的没有捷径，有的只是努力和更努力。

你只见到很多优秀的人活得风生水起，但你可曾想到她们风光的背后付出过多少努力。

无论我们愿不愿意，都该知道有些心酸需要自己扛过去。你必须咬着牙撑着，哪怕所有的勇气和意志力都被磨灭，拼了命也没能实现梦想，但此刻你需要的不该是安慰，而是检讨。

既然没有成功，那就证明你还不够努力，你还没有达到更优秀的高度，你也不配期待人生一下子就飞黄腾达。这是不现实的。

真正的现实是当很多人睡去时，你还在工作，当很多人放弃时，你不得不继续前行。哪怕到最后，拼得片甲不留，但你至少有勇气去面对未来的你，你可以坦然而又轻松地接受失败。

努力很累，却没人愿意就此放弃。

因为不甘心，还没有过上自己想要的生活，还没有完成自己的梦想。

　　现在你更要知道，在这个世界里不止你一人努力前行。有很多比你优秀的人正在拼命奔跑！她们都没有想过要放弃，你又凭什么半途而废？

月薪三万的人都不敢轻言结婚

有人问月薪三万可以过什么样的生活?

一个女孩算了一笔账,一个月三万,税后只有两万六,除去房租、购物、娱乐、餐饮、孝敬父母的钱、水电燃气费等开销后,每个月没有多少余钱。

看到这个结论立马有人反驳,月薪三万都穷,人家月薪六千还活不活了?

不可否认,有人月薪六千日子也照样过,但我们不能说月薪三万的人叫穷就不正常。不了解别人的生活,是因为不知道她们的危机感在哪里。

大多月薪四千的人,都是在奔向月薪二万的路上因受不了辛苦退缩了。因此也造就了一种心理,越穷的人就越心安理得,收入越高的人,反而紧迫感十足。

那天我们在群里聊到,月薪多少的人才能结婚?

有人说,有爱情就能结,钱都是身外物。

也有人说,我月薪三万,但不敢结婚。

很多人以为，结婚后养家都是男人的事，但现在看来并不是这么简单。月薪三万的女生不少，但她们仍然不敢轻言结婚。

有个朋友嫁到上海，有一次聊起生活，她感叹现在的女人都不容易。

朋友认识一个女孩，毕业一年多就已经月收入二万了，很多人都夸她厉害。这个女孩很上进，在外企工作，一个月有半个月都在出差。

有一回女孩被相亲逼得无奈，找朋友诉苦。

女孩说，"真不知道为什么女人到了二十几岁不谈恋爱、不结婚就成罪人了？"

朋友劝她，"早点结婚，你父母也好安心啊，毕竟你现在工作这么好，也可以考虑结婚了。"

女孩却一口反驳，"现在工资高不代表永远都拿高薪，不趁现在年轻多学点东西，不出两年饭碗就被人抢走了！"

朋友接着劝说，"其实以你现在的月薪，加上你未来老公的收入，就算在上海也应该过得不错，你看我月薪没你高还结了呢。"

女孩一听，开始给朋友算账。

"结婚首先得考虑买房吧，上海一套郊区房都得两百万，男方有房还好，如果没有，我们至少得准备一百万付个首付。其次，结婚办婚礼的钱，怎么着也得二三十万吧，这都是省了又省的标准了。还有，结婚后我们俩得还房贷，孩子出生了还要请月嫂，总不能靠老人吧。现在上海最便宜的幼儿园一年也得好几万……"

别说生活在上海，生活在成都这样的新一线城市，消费也不低。后来朋友也找不到理由来反对她。

放在二十年前，年薪过万已令人艳羡了，但二十年后的今天，月薪上万也不稀奇。

不是我们不能过月薪几千的生活，而是月薪几千不足以支撑我们在这个时代过上想要的生活。

有人可以接受月薪几千的生活品质，但这是由人的能力和努力决定的。如果我们不愿意去拼一拼，去搏一把，去尝试让自己成为一个更好的人，那么就只能接受自己月薪几千的工作，过着节衣缩食的生活。当然，如果家里条件本身不错，月薪几千也能逍遥快活。

一个收入高的人对自己的生活品质、未来规划的要求也很高，还会考虑到下一代的教育，这不仅是送孩子去私立还是公立教育机构的简单问题，更多的是希望能培养孩子综合能力，以适应社会的发展。

月薪三万，可能只够孩子的教育费和家庭生活支出费。总之，收入决定生活品质，生活品质又刺激了收入高低。

在这个社会，越早懂得算账的女生越有危机感，也懂得该如何趁年轻去努力而不是退而求其次地降低生活标准。就像不能因为一件名牌衣服太贵，我们就可以选择买仿品，毕竟在内心里还是更渴望自己能买得起正版的，不是吗？

没有绝对的自信，也没有绝对的危机，我们只要学会在暴风雨来临前做好防范准备。就像有人喜欢安逸，也有人喜欢挑战。

选择什么样的生活是个人自由，但不能就此选择回避生活的压力。如果自己既想着过上好日子，又在工作时整天吊儿郎当，只会消磨自己的意志，无法进步。

有句话说的是，如果你想偷懒，先看看自己银行卡里的余额。如果还在用六位数密码保护不到六位数的存款，那就真的该努力了！

有个人在网上发问，想要买房，月薪五千，无存款，该怎么办？

有人回答，最好的方法是放弃……

当然这是句玩笑话。但现实就是，如果你到了二十五岁还没有危机感，不知道自己究竟赚多少钱才能过上理想的生活，就该反省一下自己是不是太懈怠了。

若你过了该拼一把的年纪，就很难再找回激情，也很难改变不如意的现状。

我总是希望年轻时就把所有的罪都受了，所有的苦都吃了，这样等到以后才能心安理得地享受。否则我会觉得，上天早早地给我这么好的生活，以后或许会全部收回去。

人过早贪图安逸和享乐会磨去斗志。所以不管现在收入多少，都要继续奋斗，未来才会有更多的安全感和幸福感。

比尔·盖茨说，"微软离倒闭永远只有十八个月"。此话意指不管当前多么成功，都要心存危机。

同理，就算我们月薪三万，离被解雇也可能只有十八个月。

当一个女孩拥有足够的经济实力时，在择偶上会有更多的话语权。不会因为只要男人有钱便嫁，而是真的可以跟一个心意相通的男人步入婚姻的殿堂。

现在的女生已经有能力去满足自己的物质欲望，更多的是希望与伴侣一起追求精神层面的满足。女人经济越独立，越能去决定自己想过什么样的生活，跟什么样的人结婚。

我确信，对月薪不满三万的女生，看到的并不只是收入上的欠缺，还有其他的不足之处。然后她会想办法丰盈自己的羽翼，让自己飞得更高，当翅膀足够坚实的时候，才会开始筑建自己温暖的鸟巢。

女孩，你的谋生本领有了吗？

我家里亲戚中有个最令人头疼的表妹，工作不稳定，谈恋爱也是朝三暮四。

这个表妹高中毕业后，工作已经换了四五份，二十岁出头，却已经跟男友同居。令人担忧的是，她的男友收入也不高，只是一名普通员工。

后来她去学化妆，学出来后又嫌经常出外景太辛苦，没干半年就辞职了。

家里父母管不了她，我们也曾反对她跟现在的男朋友来往，但她不听任何人劝，一赌气搬出去住了。

当然也怪她父母没有从小把她管好，以至于到现在还有些叛逆。我最担心的是，她自己没有任何谋生本领，曾有很长一段时间没有工作，差不多都在靠男朋友养着。

她的父母很无奈，急白了头。我能理解，现在反过来劝她父母，等她吃点亏就明白道理了。

这样说并不是真的不管她，而是我知道，有些人讲太多道理给她听反而会遭嫌弃,甚至可能听不进去。

有些人更适合被生活"教训"一下,才会成长。

表妹属于高不成低不就的那种人,想要过轻松自在的日子,无奈自己本事不大,还不愿意去奋斗,就依靠男友和父母给生活费。说实在的,我并不看好她的未来,甚至期待她能找个好人嫁了算了。

有人说,懒人有懒福。但在这个社会,我始终信奉女孩要有谋生本领。

如果学历不高,可以找份工作先解决基本生活问题,然后再根据自己的兴趣去充电。如果有梦想想实现,有了经济基础也能去坚持。

记得我刚毕业时,家里长辈就曾告诉我,先不说你的家庭怎样,单是个女生,想在这个社会上独立,首先要能养活自己。

表妹最大的问题就在于没有看清自己的状况。按照姨家的经济条件,养活她倒不是问题但给不了她最好的生活。只是如果她全靠家人一直养着,总有一天会坐吃山空。

女孩贪图享受,为爱不顾一切,都是一时冲动。等到人至中年,当生活的冷水浇下来时,剩下的就只有不停地抱怨自己当初为何没先学会谋生。

以前听老人说,女孩子不需要读太多书,只要会做饭、勤快,做个贤妻就好,毕竟都是要嫁人的。或许放在古代这话说得没错,那时候的人都喜欢女子三从四德,男主外,女主内。然而在现代女性在社会中被赋予了更多职能，扮演好每个角色都需要付出汗水。

任何一份职业都不容易，全职太太最难当。

之前听母亲聊天，说起老家的家长里短。其中说到一个女孩毕业后就一直在大城市工作，人长得也挺漂亮，就是快三十了，相亲见了很多都没看上。

母亲说，"女人过了三十岁就耽搁不起了，她怎么就那么挑呢？"

我笑着说，"也许人家有本事，有得挑呢？"

后来没多久，听到母亲又说起她。原来她父母把她从外地逼回老家，说怎么也得赶紧结婚，不然就成老姑娘了，以后该没人要了。

那个女孩倒是很淡定，她说，"我也想结啊，可是你倒是给我挑个条件差不多的啊。我年薪二十万，你给我找个年薪八万的，让我怎么嫁？"

这个女孩一直在外闯荡，也存了一些钱，在老家的市里买了套房，自己还着房贷。她希望找个经济能力比她强的，还明确规定年薪不能低于五十万。这让她父母十分着急，觉得女儿眼光太高。

过了两年，母亲又说起这个女孩，说她对父母说公司竞争大，让她觉得自己有点筋疲力尽，不想再打拼了，加上自己年纪也不小了，所以想找个条件好的男人嫁了。

我相信这个女孩是真的想结婚了，但凡一个女人到了三十岁的时候，发现自己已经没有原来那股拼劲后就会想着嫁人。她们嫁人往往不是因为想要恋爱，而是真的想把自己嫁了。

但说实在的，女孩凭借自己的能力买了房是了不起，但却以此作为挑对象的标准，我并不认同。你可以选择不结婚，自己慢慢遇到合适的伴侣，但不能因为觉得自己有点条件就待价而沽，要求对方也跟自己有同样的标准，这样的婚姻未必会幸福。

真正会谋生的女孩是不会跟对方谈房子、车子、票子的，她们要的不再是物质基础，所以同样也不会因为自己要面临被解雇的风险就急着把自己嫁了，以保障自己今后的生活。

说白了，还是自己谋生本领不够。

这个女孩虽然条件不差，但她并没有学会真正为自己的今后谋算。她有比其他女孩更多的优势，也有比其他女孩更高的要求，在选择爱情上却略显尴尬。如果她的能力与年薪五十万的精英相比，有过之而无不及，或许她不必愁自己找不到理想对象，但正是这种"无过之有所不及"才令人想降低恋爱标准，却又不好意思降低。

实际上，她完全可以在工作上再上升一个高度，等到层次更高以后，不愁找不到理想对象。她的父母倒是说得很对，女人不要总是把眼光放在钱上，过日子是跟人过，不是跟钱过。

关于谋生这件事，女孩应该先看自身条件，知道自己的硬件如何，软件如何。硬件是营生的能力，软件是才华、美貌、温柔贤惠。如果只是一样达标，自然不能算最好。

男人是视觉动物，但也有灵敏的判断。就像他们在生意场上会分析对手，果断出击一样。他们不会只看女人外表，同样会考虑对自己有帮助的因素，优秀的精英男更是如此。

就算是一个没什么成就的男人对自己另一半的期望也是要么能持家，要么能赚钱。当女人能顶天立地时，男人其实也就成了附属品。女人如果想找个比自己优秀的男人，就得自己更优秀。

有些女孩已经实现了财务自由，并有机会结识更多的优秀男士。在婚恋上，她们自然不会输给别人。她们不会因为自己太优秀没人爱，而是只配拥有更好的男人。

亲爱的姑娘们，人生最大的问题其实不是愁嫁，不是找不到喜欢的工作，而是自己没有本事。没本事的人才会一直顾影自怜，才会感叹人生太难。

这个世界上不缺少优秀的女孩，但更多女孩并没有明白谋生的本领是什么。谋生是你进，可在职场成就自我实现理想；退，可以回归家庭相夫教子，随时可以重返职场。没有什么比自由掌控人生更值得令人欢呼，更值得叫人期待。

二十几岁的女孩应该先明白，谋生是为保障自己的人生不必被他人左右，也是保障自己能决定未来幸福的基础！

如果你有谋生本领，就不会一遍一遍感叹工作太难，更不会因为喜欢的男人条件不好就拒绝交往。学会谋生，才能做自己人生的主人。

底线在哪里,你的成功就在哪里

女孩一旦步入社会就应该先给自己设定个底线,而一旦定好了底线,就不要轻易变动,也不要为任何人退让,因为底线是决定你人生幸福的前提。

没有底线的人就像一块海绵,被人挤捏就能滴出水来。但如果能做到像块钢铁,别人知道再怎么敲打你也没用,顶多两败俱伤。

我和发小一直是两种性格,我脾气看似暴,实际上是纸老虎,经不起攻击。但发小却不同,她看似外表柔弱,内心却有坚持的原则。

发小刚参加工作,因为脾气好所以很少跟人发生争执,同事关系十分融洽。以前我总觉得,她脾气太好会被欺负,后来才发现,往往吃亏被欺负的人是我自己。

发小公司有个同事,特别喜欢找发小帮忙,大到帮忙加班,小到端茶倒水。每次发小去倒水,路过她时,她就会递过杯子让发小帮忙。

发小觉得是顺带手的事,也就算了。直到有一次,公司里有个重要项目,领导推荐了发小去,恰好那个同事也特别想去,结果她就私底下找发小,很直接地说,"要不你把这个机会让给我吧,你比我来公司晚,以后机会多得是。"

发小一听就很火,但她忍着没发火,问她,"为什么要让给你,我自己也很想去啊。"

对方见发小不似平时那般好使唤了,便说,"其实我也不是一定要去,但你知道我今年的考核一直很差,如果这次参与项目能做好,说不定年终奖就有指望了。你也知道我家条件不好,我妈生病了又需要钱,所以我真的很需要这次机会。"

发小听完,心里便明白了。原来平时使唤她干活都是在试探她的脾气呢,看她到底是不是软柿子,确定自己是个好说话的主后,以为说两句好话就能让自己拱手相让。发小有点窝火,平时对她好是看在同事一场,有些事就不计较了,但没想到她会没原则到想让自己把机会也让给她。

于是,发小说,"对不起,这次机会对我也很重要,我也不想业绩上考核不过,拿不到年终奖。我想既然领导没有让你去,一定有领导的理由,我相信只要你肯努力,以后一定还会有机会的。另外我想请你清楚一点,你妈妈生病缺钱,虽然我很同情,但好像不该由我帮你尽孝。"

说完,她潇洒地走掉了。

事后,这个女同事再也没在公司支使过发小。

再说说我自己,以前我对身边的人都非常客气。比如朋友有需要帮忙,我就算再忙也会腾出时间来先帮他们解决。

有一次，一个朋友同我约好去看花展，我托人订了两张票。结果就在头天晚上，那个朋友突然说有事不去了，但我此时已经把钱付好，车也订好了。当时我很郁闷，嘴上却还和对方说没关系，然后忙着办退票等事宜。

当时我就决定，一定不能再犯这样的错。结果第二次，她又约我一起看电影。我吸取上次的教训，让她确定好时间，我再订票。结果她拖拉到电影开场前半小时才通知我有空，我再订票时已经没有合适的座位了。

她却怪我没提前订票，说她好不容易腾出来的休息时间都浪费了。

当时也不知道自己是怎么想的，竟然还向她说了对不起。

挂完电话后，觉得还是想不通，因为她最后说的是，"早知道你这么不靠谱，以后就不找你一起出去了。"天知道如果不是因为她上次放我鸽子，我也不会担心她会变卦。

事后我才想明白，是我太没原则了。第一次被她放了鸽子，第二次竟还答应她的邀约。如果第一次她爽约，我能够及时摆明态度，下次一起出去要各自订票，如果因为自身的原因去不了，应该向对方道歉，而不是推卸责任。否则，明明是她的错，最后却变成我的问题，还无辜被指责，终归是自己没有底线造成的。

这个社会上总有一些人喜欢一再逼着你退让。她们做错了事，还像得了理似的，反倒来嗔怪你。

其实想想，自己之所以受这样的委屈，是因为自己无底线地退让。

底线是一个女孩的防火墙，你想让对方不伤害你，不触及你的软肋，就要让对方知道哪里是绝对不可以碰的。就像朋友间开玩笑，明明你已经很难过了，对方还要一直把你的伤口撕开来展示，而你虽然不快，但又不想得罪朋友，所以到最后即使被伤害也无话可说。

因此，建立自己的防火墙很重要，要让对方知道你的底线在哪儿。

以前班里有个女生是复读生，比我们大一岁，脾气很好。所以别人跟她开玩笑，她都不会生气。只是她母亲离家出走了，给她的心灵造成了创伤。所以要是有同学乱讲她母亲的事，她定会不依不饶。

从此以后，再没人敢在她面前提她母亲的事。

有底线，也等于告诉别人一个界限。在这个范围内，你做什么我都可以不计较，但只要你触碰了底线，就算没朋友做也无妨。

跟有底线的人交朋友反而更可靠，知道她们的雷区在哪里，从而避免自己踩雷。

同时，即使知道对方的底线在哪里，我们也不要去挑衅对方，试探其是否真的很介意。所谓不作就不会死，你不想跟对方绝交，就要尊重对方的底线，保持安全距离。

我们说成年人的世界很复杂，不知道对方说的哪句话是真的，哪句话是假的，所以才更要跟有底线的人做朋友。跟这种人做朋友,无论是共事、合伙,还是成为闺密,都很踏实。

换句话说,一个连底线都没有的人,你不知道她有多贪心。她可能会无止境地在别人身上索取,而自己却不甘于付出。跟这样的人做朋友除了吃亏以外,你还不知道她会不会有一天把你带到沟里,万一做出点违法乱纪的事,人生的损失就更大了。

所以人活着,底线很重要,尤其是对于女生,爱情上的底线能让你避免受伤害。很多有底线的姑娘往往遇到渣男的风险也很小,因为一旦触碰她们的底线,她就会立即结束爱情。

所以,姑娘们,给自己定个底线吧,防止被人伤害!

学会在逆境中成长

我为了赚学费,曾在一家工厂里干过一年时间。

这家工厂是国企,主要是织造,但用的不是丝而是玻璃。工厂工作时间是早七晚七,一天十二个小时,偶尔还要上夜班。

当时我只有十几岁,不懂辛苦,熬夜也无所谓,反正撑得住,但最受不了的是皮肤过敏。我的皮肤并不娇气,从未过敏,只是在工厂里的那一年,整个腰部的皮肤长满疹子,奇痒无比,被自己挠得没一块好地方,用了很多药都不见效。

第一个月工资只拿到四百块,我差点哭了,为自己辛苦的所得,也为自己的廉价劳动而感到无助,但这是当时唯一可以赚钱的方法。

一年后我拿到几千块钱,高兴地去大学报到。

多年后的我自主创业,已实现财务自由,足以负担自己理想的生活。再想起当初在工厂熬的那几百个日夜,如同做梦一般。

我偶尔会想,如果没有那一次的经历,我是否还能像现在这样努力。也许我会过得好,但我未必会这么拼吧。

因为在很久之后,我和母亲吃完晚饭,一起在街头散步时,她由衷地感叹,"以前做梦都没想过今天会过这样的生活,年轻的时候只觉得有忙不完的活,非常辛苦,日子还过得紧巴巴的。"

我想,正是因为我过过苦日子,才会在那样的环境中撑下去。也因为我不想再过苦日子,才会去为更美好的生活而奋斗。

人们都说,穷人家的孩子早当家,但不是所有的人都懂得如何"当家"。

谁也没有想过我的未来会变成这样,他们以为我的人生一辈子都不会与文字沾边,毕竟祖上三代,也没出过几个文人。也没有人会想以后我会过得多好,他们以为我会在工厂里过一辈子,然后找个工人嫁了,过一眼就能看到头的日子。

只有我自己知道,我是因为不想过那样的生活,才想拼命逃离,拼命前进。

有个学姐,跟我一样出身,但她家更穷,父母早逝,靠爷爷奶奶带大,到了大学老人已经无法完全负担她的学费。她有两条路,一条是外出打工,像家里很多人的道路一样;一条是嫁人,托人找个条件好的。

她拿着大学录取通知书,哭了整整一晚。第二天她决定,去求所有亲戚,无论如何她都要上学。然后第二天她就真的挨家挨户去借钱,她的要求很低,借个十块八块也行,但每一笔她都记到账上,承诺毕业后连本带利地还。

老家的人大多没读过书，都不相信她会还，只当打发要饭的，有的人甚至见到她就直接关门。这个学姐也有骨气，最后决定去城里打工赚学费。做了两个月洗碗工，加上借的钱，勉强凑够了第一学期的学费。

到学校报到时，她只带了一身换洗的衣服，因为她没有别的衣服，她脚上穿的还是布鞋。她也不管别人的异样眼光，径直找到老师，咨询助学金的事。幸好老师看她确实贫困，成绩良好，就帮忙向学校申请。

学姐说，大学四年她没有吃过肉，每天都是吃馒头和免费的菜汤。去食堂吃饭也不敢跟别人一起去，她都是一个人去吃，而且速度很快，就怕碰到熟人。

没有哪个女孩是不爱面子的，如果不是逼不得已，谁会想在花季年龄活得像个中年大妈。吃得不讲究，穿得不讲究，唯一拿得出手的就是成绩，但偏偏她没钱补习，有很多资料根本没钱买，学习成绩还是落下一大截。

读到大三，她终于在同学的帮助下找了两份家教，钱赚得多一些了。

到了大四毕业，她被一家上市公司录用。因为学姐英语过了八级，这家公司就是冲着这一点给了她实习的机会。

经过几年打拼，她现在已经是年薪近百万的高管。不了解她过去的人，根本想象不到她曾经熬过怎样的岁月，才能体面地站在人前，得体地接受别人的羡慕。

她说过一句名言，"打不死的都是小强。"以前她就是拿这句话激励自己。生活再苦，能苦过老家的爷爷、奶奶吗？生活再难，能难得过没钱的日子吗？

我和学姐都相信一件事，年轻时候吃过的苦都是福报。

其实人的意志力真的超乎想象，只要咬牙多坚持一会儿，结果往往超出想象。女人最大的财富是自由和健康。自由才能随心所欲做自己想做的事，健康才有资本创造未来。

我们总是作茧自缚，常常在人生低落时靠熬夜、酗酒、抽烟来麻痹自己。我们以为自己没有那么强大的忍耐力，无法熬过艰难的人生；以为大多数的成功不过是一种传奇，因为不相信，所以才会自暴自弃。

乐观一点想，既然已经一无所有了，就没什么好失去的，未来得到的每一分收获都是赚到的。

有的人说，不是自己不敢独自面对生活的黑暗，而是不甘心只有自己独自行走在黑暗中，而别人走的都是阳光大道。

我只知道人生没有绝路，如果你觉得上帝给了你黑暗，应该庆幸走在这条黑暗道路上不会拥挤，反而成了捷径。

不要总是执着于自己遇到的是顺境还是逆境，能在顺境中成长的人未必就过得好。就像有人把一手好牌打烂，也有人把一手烂牌打好。

经历过逆境的人，身上都会有一种宠辱不惊的气质。

有一个叫吴胜明的老人，中年丧女，连女儿最后一面都没见到。后又坐牢，出狱后，已经70岁，到了这个年龄大多数人会安享晚年，而她还在做打扫公厕的工作。最令人意想不到的是，她到了80岁时重新创业。

一个人被逼到绝境后反而爆发的能量会更大。

穿过逆境中的黑暗秘诀其实很简单，就是比别人多走几步，虽然别人开着车，你是赤脚奔跑，你跑不过但不代表你跑不到终点。能跑得动的时候就不要停，人只要一停下来就跑不完全程。所以要一鼓作气，拼尽全力。

跟世界的每一次搏击，也是跟自己的搏斗。没有人会在意你过得怎样，如果你放弃了，认识你的人可能会同情一下，但不认识你的人，你还指望他们会苦口婆心地劝你去奋斗吗？

实际上，你的退出正好让出一个位置，给他们留出了机会。

你过得好才会有人关注你，但如果你过得不好，永远不会有人管你怎样。这世界永远都是只有站在山顶上的人才会受到万众仰慕，人生亦是如此！

好看的皮囊比你想象得贵

现今流行一句话,"好看的皮囊千篇一律,有趣的灵魂万里挑一。"不可否认,内涵比外表重要,但同时也不能将外表好看与低俗、无知画等号。

闺密有个同学,在学校时就是公认的校花,偏偏还是个学霸。虽然她的追求者众多,但直到毕业都没正儿八经谈过恋爱。闺密问她为什么不挑个喜欢的人,她说,"现在的男生那么幼稚,我何必要浪费时间,如果我长得不好看,他们还会喜欢我吗?"

结果没多久,就听到学校有人传这个女生好高骛远,看不起学校里的男生,有可能在外边被人包养……连闺密都听不下去了,想帮她去辟谣,哪知她压根儿不理,照样该干什么干什么。

毕业时,很多人为一篇论文急得焦头烂额,她却早已交完论文,顺利拿到学位,又很快在一家大企业找到工作。

闺密后来说,人家这才叫魄力啊,跟那些人废话有什么用,用行动才能堵住他们的嘴。

的确,这个女生打了个漂亮的反击战。她也很好地诠释了一句话，对不看好自己的人不必反驳，对了解自己的人无须解释。

这个世上总有一些人得不到自己想要的东西就去破坏别人的，像小时候吃不到人家的糖果就说糖果不好吃。

人心险恶，保护自己的方法就是少跟他们废话。

以前人们总说不漂亮的女生在社会上不占优势，现在反而觉得漂亮的女生更不容易。她们一边要努力，一边还得向世人证明自己并不是靠颜值才能成功。

曾经有一个网红，她考上清华大学，之后去美国留学，英语流利，气质出众，但这些优点都比不上她与一名企业家的结缘被说成是一场心机的攀附更让人关注。

当他们的恋情被媒体曝光后，她删光了微博没有多辩驳一句，因为她深知，对于那些诋毁她的人，说再多也没用。

没多久，他们结婚了。

她渐渐在商圈里打磨成熟。先是在巴黎时装周大秀衣品，又举办私人宴会与比尔·盖茨介绍自家基金，再后来就是越来越多的商业活动中都能见到她的身影，媒体经常曝光她带着自信的笑容的照片……

她无疑成了人生赢家，短短几年时间就让那些曾经嘲讽她的声音消失，如今她被各大媒体好评，再也没有质疑的声音出现。

漂亮的女生自然有她的优势，但活得好全凭自己掌控。

不被别人的嫉妒影响了心情，才能一路奋斗，活成想要的样子。越是在乎别人的评价，越容易被缚住手脚，反而失去信心。

何必去跟误解你的人计较呢？天生漂亮又不是你的错，这是上天赐给你的礼物，只要不投机取巧，就值得赞赏。

正因为你的出众，才会引来别人的嫉妒。只要你有足够的实力，就足以堵住那些人的嘴，不必再害怕有人对你言语中伤。当然也没必要自视清高，把美貌当成赚钱的工具，选择走捷径。人生最忌讳的就是不能把自己的优势用在对的地方。长得漂亮的女生很多，但真正活得漂亮的人并不多。如果你能成为内外兼修的女孩，才是真正的厉害。

人们之所以认为漂亮女生没有能力，是因为很多漂亮的女生往往只在乎自己的外表，忘了丰富自己的内心。她们甚至以为漂亮就足够了，只要她们撒撒娇、卖卖萌，想要的就能得到。但事实是，男人不会长久地喜欢一个无知的"芭比娃娃"。

做到既漂亮又有趣，真的挺难的，但不是做不到。

林徽因是公认的美女、才女。她跟梁思成共同为中国的建筑事业所做的贡献，令中外同行钦佩。

很多人在评价林徽因时，往往忘记把她卓越的贡献放在首位，总爱聊她的情事。我们无法强行改变他人的想法，哪怕是我自己也坦承，如果一个美女站在面前，首先会想到"花瓶"这个词。但这不代表，长得好看的女生就真的只是中看不中用。

我的发小也是个漂亮的女生，肤白貌美。她曾开过一个美甲店，后来关了，不是因为没有生意，而是因为不胜其烦。

原因是有一个四十多岁的男客户，据说是房地产老板，每次来都指名要求发小帮她修手指上的死皮，然后趁机握着发小的手摸来摸去。当时发小很郁闷，却又不想得罪客户。

有一次，那个男的在跟别人聊天时，说到自己最近楼盘要开盘，有人就问找他是不是可以打折。那男的说没问题啊，然后意味深长地看了一眼发小，说，"要不你也来吧，我给你拿个最低价。"

发小没理会，回来却向我吐槽说那男的太恶心，自以为有点钱就想在外找女人，还说跟自己老婆没感情，没感情怎么不离婚呢？

发小后来就因为这个客人的骚扰，直接把店关了。虽然可惜，却不后悔。

所以这个世界上，真的不是有钱就可以打动漂亮女人，她们也不会因为一点蝇头小利就投怀送抱。这世上有钱人千千万，不是每个她们都会爱。

有人说，为什么总有人提倡女性独立，难道女人除了女权，就没有别的方法可以证明自己了吗？

据我所知，真的不是因为女性自己想独立，而是很多女生不得不独立。只有独立了才不会被人摆布，才不会任由流言蜚语攻击自己，才不会生活没有自主权。

如果人生可以自由自在，过自己想要的生活，谁会愿意抛头露面，与这个不讲理的世界拼得你死我活、头破血流？我们只见过别人风光的表面，却不知背后需要付出多少。

独立女性没什么不好，唯一不好的是在这个社会中，女人再怎么努力都得不到平等的对待。所以才不敢停下脚步，害怕被那些不怀好意的人击倒。人只要摔倒一次，就不想再站起来，因为没人会真正了解十厘米高跟鞋的背后流过多少鲜血，有过多少次伤痛。

这是个看脸的世界，但无关美貌，底气才能让女人从容微笑。

你离三十岁只有五年了

你有没有在哪一刻觉得时间不够用?

我有!每当想到自己马上就要三十岁了,就会情不自禁地感叹,说好要在三十岁之前瘦到九十斤的,说好要在三十岁时再买套房的,说好要在三十岁之前再去疯狂一次的……

人一生愿望太多,时间却在倒计时。不是我矫情,而是每次想到还有那么多梦想没有实现,就不敢懈怠。

听朋友说了两个故事,她们单位有两个女孩,一起进公司实习,一起在公司干了三年没有起色。

朋友说这两个人虽然业绩差不多,但有个女孩明显更有野心一些。

就在两人二十五岁时,女孩A决定要辞职,女孩B也决定要辞职。但A辞职是决定自己去创业,她觉得既然工作三年都没什么成绩,要么是自己不适合这份工作,要么就是应该换工作了。

但女孩B不一样,她的想法是,自己都二十五了,再不赶紧找个人谈恋爱自己就老了。

于是，她们一起辞职了。

半年后，A找到合伙人，一起开起水果店。B找到一个男朋友，她每天沉迷于热恋中，忘记了找工作这回事。

朋友说到这儿，神秘一笑，"你猜后来怎么着了？"

"A赚到大钱了，B被男朋友甩了。"我顺着她的套路走。

"不是，是A的水果店倒闭了，B风光嫁人了。"朋友笑着说。

我心里一怔，不该是这个套路啊。

后来才得知，原来A选的水果店地址非常不好，人流量少，而且因为以前没有生意经验，A进的水果往往是高价低卖，没多久合伙人就撤资走人，留下她一个人苦撑，不过半年时间店就倒闭了。

而B呢，她虽然是安于现状，没继续在职场打拼，但她回老家后，父母托关系给她找了份工作，那个男朋友就是她所在单位的。俩人互生好感，加上男朋友平时在单位人缘好，口碑不错，B就决定把自己嫁了，赶在三十岁前完成了人生大事。

朋友说完感慨，"其实人生吧，折腾什么呢？有好日子过，何必要求太高，有的人是心比天高，命比纸薄，凡事都该量力而行。"

对朋友这话，我只认同一半。

人不成功确实跟自己的能力有一半的关系，但不代表全部，至少我所看到的是这样。

说句实在话，如果二十五岁失败一次就算失败，那么我曾亏掉两个店，大概得去跳楼了。凡事只怕有心人，人可以失败很多次，重要的是自己的心态。

心态好,便不会急躁,不会强求自己一定要怎样。失败了,就当人生经验,多积累一点没什么坏处。

经常听到身边有朋友感叹一下子就三十了,人都老了,怎么办?但闺密F却很乐观,每次过生日都会说,祝自己十八岁生日快乐。

每个人在年轻的时候多少会有些焦虑,会膨胀,会失意,但没有美好生活是触手可及的。正是因为这样,所以才不必着急,先慢慢积攒实力,有了底气才好向这个世界索取回报,不然一切的空口大话都是白谈,只会成为笑柄而已。

有人说,过了三十岁的女人就不值钱了。

对这句话在意的人,假如自己事业不好,收入不稳,生活朝不保夕,就会觉得不赶紧找个人嫁了,那人生还有什么指望呢?不在意的人,从来不会因为三十岁的到来就惊慌失措,依然可以在短短两三年时间里完成自己的目标和梦想。

明知不可为而为之,不是勇,但明知不可为就不为之,却是愚。

前两天朋友又说起那个女孩A,她在创业失败后竟然选择贷款又去开店了。不过这次她有了经验,先是比较价格,再跟有经验的人学习如何挑水果的技巧,还开起网上商城,可以全城送货。

A这次前期准备充足,又有了上次失败的经验,刚开张时生意就不错。有一次她给朋友送了一些水果,说以后如果想吃水果就找她订,网上下单、线下送,价格还便宜。

朋友为做顺水人情,于是便在同事间帮A宣传。哪知没到一个月,整栋楼几乎都成了A的固定客户。

朋友说,"谁也没想到,她竟然会在跌倒的地方再次爬起来啊。"

我笑而不语。她不明白的是,有梦想的人其实都是不怕摔的。

比起很多人不停地给自己制定目标和计划,不如给自己定个期限,你想四十岁实现退休,那就在三十岁前努力工作。

人的危机不是来自年龄大小,而是你错过时机之后就难再成功。二十岁读书会比三十岁有用,因为没那么多牵绊;二十岁创业多失败几次也没关系,因为还有时间重来。

二十岁只要多用心一点,以后就可以省心一点。

如果要问二十五岁的女生该不该有紧迫感,我的回答是应该有的。毕竟离三十岁只有五年了,离四十岁只有十五年。

二十五岁过后,女人的皮肤加速衰老,记忆减退,身体代谢下降。以前熬完夜,只要睡两个小时就能恢复,二十五岁以后熬夜,浑身就跟散了架一样,又怎么可能会没有紧迫感?

我们的紧迫感是怕将来做什么都会变得力不从心,也怕万一意外先来就没有机会了。

不是我们不想停下来,而是身体不行,年轻的时候身强体壮,都可能随时倒下,等到三十岁以后,拖着病歪歪的身体,真的还能为所欲为吗?

淘汰我们的不是生活,而是身体。

年轻的时候要有两样东西守得住,一是梦想,二是健康。

守住梦想不变心,守住身体不变差。只有梦想不变,才不会半途而废;只有身体健康,才会不被生活左右。

很多人说既然如此,何必还索要那么多,一个女人真的有必要这样吗?

这句话就像是有人讨厌鸡汤励志,却忘了她们对别人成功的羡慕和渴望,也忘了那些成功的人如果没励志和激进的心态,哪来的动力坚持走到成功那一步。

二十几岁不努力一把,三十岁向谁去要成功?又凭什么以为世界会白白给你机会?

女人越"贪心"越好命。

因为"贪心",才不会懈怠。女人在这个世界上生存,真的很不容易。你有事业,会有人质疑你,是靠男人吧?你回归家庭,有人会嫌弃你,不是都说女人要独立吗,你为什么在家靠男人养?

与其都不被看好,不如活出一点底气,才有资本去找个懂得欣赏你的男人,不会因为你花两千块买护肤品就嫌你乱花钱,不会因为你事业有成就各种心理不平衡。

所以我从不相信有人可以一生下来就有十拿九稳的人生,三十几岁成熟、优雅、自信的女人,其拥有的气质和魅力大部分是来自十几岁、二十几岁时慌乱岁月的沉淀。

只有坚定不移向前走的信念,加上对目标的专注,才能换来一个耀眼夺目的自己。

你渴望的幸福，都不容易

网上很多人算账，一个男人娶一个女人要花多少钱，一个女人因为在家当主妇又该获得多少报酬。

算到最后发现，男人跟女人都很吃亏。

男人一生要努力奋斗，才能支撑起一个家的基本生活保障，包括孩子教育费、父母养老费、妻子的护肤品、衣服、包包等。

而女人一生在家，按照高级管家市场价一个月一万块来算，一年至少十万，按五十年时间来算，还不算通货膨胀，也要五百万。

女人和男人结婚久了都很爱算账，斤斤计较，连厕所的卫生纸都不放过。之所以会有算账这一说，不是因为男人变了，而是因为女人变了。男人还是习惯高高在上的大男子主义，享受女人嫁给自己后全身心地承担起家庭责任，但却没料到女人开始思想独立，不再傻傻地甘心做保姆。

以前稍微有条件的家庭还请个丫鬟家丁，老婆只需生儿育女。现在却换成女人成了免费保姆，男人依然乐得轻闲，换哪个女人也不答应啊。

不少女人都以为,那些不幸福的女人都是要求太多,男人出去打拼愿意把钱上交,为妻的应该庆幸,要懂得忍让和体谅才能换来幸福。

实则不然,比如我的表嫂。

表嫂是个很顾家的传统女人,对我所说的关于独立女性的话都要加以反驳。她只坚信一条,女人想要幸福,就好好守住家。

家是女人的根,如果女人没有根,就只能无依无靠。她才三十二岁,就已经为表哥生下两个孩子,每天在家里照看孩子,收拾家务。

表嫂也很孝顺。之前姑妈要交社保,她拿出了自己五万块私房钱,给姑妈。全家对这个表嫂都很称赞,见她过得好,我也真心祝福她。

前两天,表哥的房子赶上拆迁,获得一大笔补偿,还有两套房子。一家人高高兴兴搬进新家,表嫂也感叹自己终于苦尽甘来,还以为这辈子跟着表哥就只能过平淡的日子,哪想到还能住上这么漂亮的房子。

没想到,表哥因为有点钱就学人玩投资。钱虽然都由表嫂保管,但表哥要钱投资时,表嫂二话不说就支持,还直言男人就该有点自己的事业。当时那个项目表哥也让我们参与,我觉得风险太大,很多东西都不清楚,劝他慎重。

表哥不听,我让表嫂提醒她,结果表嫂比表哥还放心,说,

"投吧投吧，亏了就当舍财免灾，以后再赚就好。"

表哥听到这话，拿了二十万砸进去，结果亏得血本无归。表嫂好长时间都没缓过来，不敢怪表哥，毕竟自己同意了的，连续一个月晚上都自己偷偷地哭。

我以为她有了这次教训，会长点心，哪知她完全没有这样的觉悟。

后来表哥说要换车，我们都说他现在没有正式工作，没必要换。表嫂还是很支持，觉得男人要面子，应该给他撑场面。但这次她小心了些，只拿了十万出来。

表哥很快买了新车，当起了滴滴司机。

哪知，第三天就跟人打起来了。表哥说那个客人喝醉了，吐得满车都是，让那人付洗车费，结果对方不答应，还扬言要投诉。

现在表嫂整天郁郁寡欢，见到我就说，"你说我的命怎么这么苦啊，我也不像其他女人一样，嫁给你表哥图他车、图他房，我就图能跟他安安稳稳过日子，怎么还弄得这么惨。"

我说，"你是什么都不图，正是因为你什么都不图，所以才一次次纵容他犯错。如果一开始你不让他乱投资，现在也不至于这样。"

人无远虑，必有近忧。

表嫂正是那种凡事不考虑以后的人，她太甘于现状，只要现在有钱花，有房子住，她就不会担心明天会怎样。所以她也不愿意出去工作，她觉得现在家里有这条件，完全可以让她安稳过完后半生。

女人还是要有点野心，才不至于因为生活的变故，让自己瞬间慌了神。

有些女人看上去没有野心，但她们是最好的军师，坐镇家中，诸事操持得井井有条，还能帮丈夫出谋划策，指点江山。

这样的女人，更叫人喜欢。她们愿意退而求其次，做回家庭主妇，不在职场搏斗，但她们却没有忘记利用好自己的资本，把智慧全部用在辅助丈夫上。

马云当初创业时，妻子张瑛也一起参与。等到阿里巴巴有了起色，开始盈利时，马云却让她回家照顾孩子，因为儿子正值叛逆期。

张瑛一开始并不愿意，觉得自己刚做点成绩就回归家庭，实在不甘心。但最终她为了孩子和丈夫，做出了让步。

多年后，马云成了首富，张瑛虽然没有参与其中，但却功不可没。没有她在背后默默支持与付出，马云怎么能毫无后顾之忧地全身心投入到事业中呢。

而现在，张瑛已经可以全然享受她的付出所带来的幸福人生。

所以很多时候，我们所渴望的小确幸并不是那么容易实现的。你所以为的平凡快乐，也需要付出才能拥有。

女人终其一生，不过是在追逐一份渺小的幸福。

有的男人有钱就变坏，女人有钱却只想找个人踏实过日子。女人最大的梦想和愿望，还是希望有一天可以牵着孩子的手，与心爱的人一起，买买菜，做做饭，一起享受幸福生活。

哪怕是整天吵着要减肥，要运动，要赚钱，也不过都是为了爱的人，可以过得好一点。

有人说婚姻绑死了一个女人的一生，但很多女人是甘心如此。当年刘邦身边的女人，吕雉和戚夫人斗得你死我活，都只是为一个男人的千秋霸业而已。

但也有很多女人清醒地认识到，就算拿所有的才华和学识去换一段好的姻缘，这个世界上也是难以寻找的。所以才只好自己咬咬牙，撑着往前。

社会的发展已经越来越把女人推向世界。

但女性的地位却并不会因此而改变，男人的优越感不知为何总是与生俱来。女人觉得不公平，抱怨也没有用。把自己活得爷们一点，坚强一点，就不会那么渴望了。

女人都明白一个道理，这世上只有自己买得起，才不必看人脸色。

女人不需要依附男人，但又离不开男人。我们需要男人的目的，除了生理需求以外，还可以从男人身上寻找精神上的契合点。

人生从来不会有白来的幸福，婚姻更是如此。个别幸运儿被上天眷顾，赐给她们完美爱人，但大多数女人对爱却是求而不得。

不过回头看看，女人真正想要的幸福，早就已经得到。不断打磨的品格，不断提升的能力，饱经风霜的阅历，哪一样不比与一个男人厮守终生更好。

佛系女子的中年危机

佛系女子，似乎一夜间席卷朋友圈。

不少女孩都捧着保温杯表示，自己从今往后要佛系。

一开始我并不了解什么是佛系，以自己的理解，大概就是一个女孩不争不抢，安稳于世的样子。

所以说流行的东西真的令人害怕，前几年人们还讲奋斗，将那些对生活不妥协、不放弃的人作为偶像。一句"如果你每天的生活只剩下吃、喝、玩手机，那人生还有什么意义？"让人血液沸腾，无数人又振作精神，投入到全新的工作和生活中。

社会总是鼓励年轻人要敢于挑战，突破自我，不要坐以待毙，不要太早放弃。但却似乎忘了教会他们失败时应该怎么办？如果撑不下去该怎么办？

但在这时，佛系一词出现了，拯救了万千年轻人的梦想，终于又可以理直气壮地过懒洋洋的人生了。

如此一想，人生还真没意思。

玩两年后发现大把的时光浪费了，同学聚会别人西装革履，张口闭口谈的话题，自己再也插不上一句嘴。

这时又恍然大悟，原来还是不够佛系啊，看着别人吃肉过好日子，也会心有不甘。自己过佛系的日子去了，别人却仍在不断地努力，最后还来感谢自己把机会拱手相让。其实压根儿没想让，以为大家都在过一样的生活，却不知道有人会偷偷食言。

所以感觉又被骗了一回，人到中年时才会惦记着那点儿没实现的梦想，如果当初怎样该多好啊，如果当初没有放弃又该多好啊。

认识一个老板娘，她跟我讲过一个故事。她的一个同学毕业后去了北京，而她因为自己妹妹和弟弟在成都，就没有选择北漂。

老板娘大我五六岁，差不多也是历经风霜的人，做事雷厉风行。自己公司遇到无赖客户，她直接就怼回去，对方出什么招她都能接，耍横她比对方更厉害，连男客户都怕她，最后把拖欠款乖乖送上。

老板娘这个同学去了北京后，一直到了快三十岁还是一个年薪二三十万的小主管，没车没房，只是比一般的打工族强点。老板娘就向我们感叹，"其实你说为什么有人就非得去北京受那份罪，难道只有在北京赚的钱才叫钱，在别的地方赚的就不是吗？"

她说自己的同学经常打电话给她，说北京有多好，城市有多大，机会有很多。但也会偶尔感叹，在北京混了这么多年，结交的朋友仍然不如老家的朋友好。

有的人很倔强，不混出个样誓不罢休。

倔强的人大多数都是有点不甘心，宁愿高傲地活着，永远不肯低头认输。像老板娘的同学就是这样，老板娘说，"北京的年薪二三十万，说实话过得连成都月薪五千的都不如，你说她图啥。"

我笑着说，"也许不图啥，就为不辜负自己的梦想呗。"

老板娘也笑笑，"梦想都是用来欺骗自己的，谁还不是冲着过好日子去的。"

我们都喜欢有能力、有干劲的女人，但这样的女人在社会上连百分之五都不到，大多数人都不过是在模仿她们罢了。

所以我更喜欢活得直白的女人，如果你真的是为梦想努力，确实可贵，但就怕你打着梦想的幌子，欺骗别人，也欺骗自己。

北漂过的女孩大多都体验过世间的疾苦，也尝过绝望，最终支撑下去的不是因为梦想，而是天亮了。

只有熬到出人头地，才好意思说自己是为梦想坚持到最后。如果没有熬出来，就算梦想再伟大，最终也抵不过现实的残酷。

但佛系女子也有中年危机。虽然找了安稳的工作，过着平淡的生活，但一转眼发现人生已到中年，上有老下有小，存款不多。于是又一次败给现实，败给医院和教育。

女生最怕的就是给自己编织一个美梦，幻想自己可以平平淡淡地过好这一生，吃饱穿暖，相夫教子就够了。我一直觉得人可以没有能力，但不能没有动力。你不折腾自己，生活就会来折腾你。

很多人说越穷的人会越上进，其实真不是。虽然大部分上进的人都是真的穷过，但不代表大部分穷过的人都会上进，就像不是所有的富人都只会过骄奢淫逸的生活。

老家有个女人，人很能干，结婚的时候光是自己给自己准备的嫁妆就超过五十万。她没念什么书，但她舍得吃苦，从十几岁一路打拼，到了二十七八岁嫁人，自己也有一笔存款。男方家里条件也不差，所以她才决定嫁人后过一过赋闲的生活。

早年她因为忙事业，落下一身的病，经常没事就去按摩，后来跟一个老中医熟络起来，对方开始教她学养生。没想到还真的管用，好几年的失眠竟然好了，整个人也精神多了。

等孩子长到上幼儿园后，刚好有以前的朋友找她一起开店。她本来也不想闲着，就答应了。

但不知是因为自己在家休息时间太长，还是真的年龄大了，她发现自己的身体大不如从前，熬个夜就像脱了层皮。

朋友笑她，看起来比谁都强壮，其实身体比谁都娇弱。

朋友平时也经常说自己这里疼，那里不好，结果熬完夜还能一大早起来把货给订好，把第二天的工作安排好。

她觉得奇怪，怀疑自己身体有病。朋友拍拍她的肩膀说，"你哪儿是有病，你这是闲的，照这样干一年试试，保证你啥都受得了。"

后来她总结，人真的不能闲着，闲着才更容易出问题。工作的时候看似辛苦，其实都是一种习惯。工作是人的精神食粮，但闲下来就只剩下等死了。

讲这个故事，不是为了鼓励大家不拿身体当回事。而是想说，你永远不会知道自己的身体有多大能量。

佛系生活值得推崇，但不代表就该否定努力打拼的人。

大多数的人还是更愿意与强大的人为伍，愿有事业相伴，这样的生活才不会遭遇中年危机，遇到像《我的前半生》中的罗子君一样的窘迫。

前半生过得风光幸福，到最后别人让你出局，你连翻盘的筹码都没有。

佛系生活是好，但希望你是在自己有了一定的经济基础，足以让自己后半生衣食无忧后再去考虑如何佛系，如何养生。

不要说我们不懂生活，懂生活的人都是基于一定的经济基础，优质的生活圈、高质量的朋友圈和人际关系，才能带给你真正的品质生活。

等人生走过了一半时，回头看看会发现，每个人绽放的光芒都是不一样的。

佛系很美，也很好，但要看你有没有这份平静的心态去接受。不过分追求物质满足，内心的快乐是家人健康，对爱情的期待只限于夫妻和睦，那么，你可以顺利地度过佛系中年危机。

二十几岁的女孩,要活成寄予厚望的自己

我很少会想起二十几岁的自己是什么模样。

但多少会记得曾经对自己如何寄予厚望,又如何一步步迈过每一道坎,终于活得有点模样。我的愿望并不大,不成功但要成仁。

听一些二十几岁的女孩聊愿望,很多女孩把找对象放在第一位,说找老公坚决不找没房没车的,因为自己某某亲戚裸婚就过得很惨,某某表姐又嫁了个不成器的男人。

女人在一起聊话题,多数离不开男人,所以也无可厚非。但令我印象深刻的是,有个女孩聊她将来要出国见见世面,不是去新马泰那种七日游,而是要去古罗马、埃及这样的地方,见识一下人类文明的伟大。

她说完问我,"是不是觉得有点可笑,对你们来说应该不值一提吧。"

我连忙摆手,"当然不会。你有这样的想法,非常可贵。"

这个女孩只是一个服务员,也算我的老乡,找工作时曾借宿过我家一晚。她念的中专,毕业后被分配到工厂,但她不甘一辈子当

个绕电线的工人，干了半年就辞职了。后来又在外地待了两年，由于学历限制，工作一直没起色。

去年年初因为母亲胆囊炎做手术，她回了趟家。她听人说起我，觉得我很厉害，便来问我，希望我帮她拿主意。

说实话，我一直不觉得自己现在能力已经大到可以帮人谋划未来的地步，但我却很乐意帮她出个主意。她很谦虚，没有其他二十岁女孩身上的那种浮躁。

我建议她先去学门手艺，不管是学什么，找自己喜欢的去学。至于工作，如果实在找不到好的，先不要太挑剔，英雄不问出处，当务之急是让自己先稳定下来。

她听得很认真，第二天就找了份服务员的工作。她说自己回去查了资料，想学会计。服务员这份工作虽然累，但平时没客人的时候还可以看书。

我表示赞同，但忍不住提醒她，会计师并不好考，很多大学生出来的都是从小助理做起。

她却很坚定，"没关系，反正我还年轻，大不了多考两年。"

去年年底回老家时再遇到她，她高兴地告诉我，她已经通过会计的基础考试，等五月份参加完初级职称考试，拿到合格证书就能找公司实习了。

我由衷地为她高兴，一年多时间的努力实属不易。她说起自己利用业余时间看书，我知道这也需要超出常人的毅力才能坚持。她住在员工宿舍，一个宿舍十来个人，她想安静地看书都需要戴上耳机，还常常被别人取笑，说一个服务员怎么可能考上会计师？

她没有理会，但却常常发现自己的考试资料莫名其妙地被丢在垃圾筒里。她忍着没发作，但她说如果考不过的话，自己都想放弃了。

她想成为会计师目的很简单，因为她觉得会计师赚钱比较多。

有了钱就可以出国旅游，去看更大的世界。她还羡慕别人可以去香港玩，可以去澳门玩，而她连签证怎么办都不知道。

她发现人与人的差距原来可以这么大，她努力追都追不上，在工厂里就算多加两个小时班，一个月比别人多拿几百块工资，可是仍然是低人一等，她永远参与不了那些新鲜有趣的话题。

她在二十岁生日时，许了一个愿望，赚钱出国旅行一次。

也许这个愿望对很多人来说，特别渺小，但却是她鼓起所有的勇气，才敢对自己许下的承诺。以后，再也不让自己被欺负、被嘲笑、被歧视。

当她想到这个愿望的时候，就觉得一切的苦和累都值得。

小时候，父母都希望我们长大后有出息，对我们寄予厚望。

结果长大后的我们变叛逆，不想任由父母摆布，像断了线的风筝，四处飘荡。觉得这样做很酷，很帅，但却不知道，其实这是在拿自己的人生赌气。当然，也确实让父母伤心难过了，可损失最大的还是自己。

比起厚望无法实现，自己的不争气才更令人失望。

其实也不是所有的厚望都要伟大到成名立业，只要活出自己想要的样子就好。毕竟我们的每一次成功都要耗尽半生努力。如果一生只能做一件事，我希望你是做自己最喜欢的。如果暂时没有目标也无妨，人生走走看看，说不定就在哪里停下来了。

有人说自己年轻时许过很多愿望，也吹过很多牛，有时候大话说多了，自己都相信了。于是就不得不去努力，毕竟还是要面子。

我觉得这也挺好的，不逼一逼自己，怎么知道原来自己这么优秀。

也有人说，难道一定要自己有底气才能活出个人样吗？这是肯定的。这个世界上敢作敢当、聪明能干的女性，能独当一面不是靠出身，不是靠颜值，而是靠底气。

有底气，你就能真正做自己。

洪晃说过，"女人一辈子不嫁都没事，只要不耽误生活。"

其实生很容易，活着却很难。活着要攀比，不攀比怎么知道自己活得好不好。但一攀比又会发现，原来自己真的活得不够好。

所以人总是一边沮丧，一边安慰自己，也许会有比自己更倒霉的人。瞎猫都能碰上死耗子，谁说自己就会一辈子倒霉下去，万一遇到奇迹呢？

女人乐观一点，就不会有那么多乱七八糟的想法，不会把时间和精力放在忧愁自己爱的人不爱自己怎么办？其实别人爱不爱你都没关系，重要的是你自己爱你自己吗？

真爱自己的女人，从不为一个男人的离开而责怪自己，她们只会在意自己有没有能力过自己想要的生活。在有些女人眼里，男人不如一双鞋珍贵，鞋还能带我们走向远方，男人却连十分钟都陪不了。

对自己寄予厚望的女人，很少在一个错误的男人身上浪费时间。

男人有三十而立一说，女人也有三十一道坎的讲究。

三十岁的女人穿什么样的鞋，读什么样的书，都能看出她的生活水平。女人的衣服可以便宜，但鞋子一定要贵；女人可以不施粉黛，但一定要多读书。

工作上别人帮你一回，你得到表扬，但不代表你真的就行。只有自己拿得出手的本领才是自己的，否则永远都是别人的。

哪个没家世、没背景的女人想在这个社会熬出头，没有尝过碰壁，没有体验过被骂哭，没有看过凌晨三四点的城市？

重要的是，最后她们活成了寄予厚望的自己。

虽然这个社会还有很多人对独立女性抱有偏见和不解，以为大多数女人都得依附男人，以为在绝望关头会有富二代或从天而降的总裁来救你。

别再傻了，还是自己想想明天怎么应付刁难的客户，怎么把方案做好，怎么才能攒够房子的首付吧！